Das Buch
Ludwig van Beethoven – alle kennen ihn und viele kennen seine Werke. Aber wie hat er gelebt? Dank Konrad Beikirchers etwas anderer Biographie erfahren wir nun alles über den Alltag des berühmten Rheinländers im Wiener Exil. Koch, Familientier, erfolgloser Frauenheld, Helikopter-Onkel, liebenswürdiger Griesgram, Trinker, Patient, raffinierter Geschäftsmann, verpeilter Dandy, Mietnomade – all das und noch viel mehr war Ludwig van Beethoven.
In seinem neuen Buch hat Kabarettist, Autor und Musik-Kenner Konrad Beikircher Kurioses, Bewegendes und Komisches aus dem Alltagsleben des großen Komponisten zusammengetragen. Mit Humor und Empathie erzählt er über Beethovens Liebe zu seiner Familie, über den Kampf mit seinen zahlreichen Vermietern, seine Raffinesse beim »Erpressen« von Geldzuweisungen durch die Wiener Fürsten – kurzum: über sein ganz normales Leben als einem der ersten freischaffenden Komponisten, der darauf achten musste, wie er an sein Geld kam, um zu überleben.

Der Autor
Konrad Beikircher, Jahrgang 1945, Diplom-Psychologe und Musikwissenschaftler, hat sich nach 15 Jahren im öffentlichen Dienst ganz dem »freien« Leben als Kabarettist und Autor verschrieben. Seine mittlerweile 14 Programme über rheinische Sprache und Mentalität sind legendär, genauso die beiden Konzertführer und drei Opernführer bei Kiepenheuer & Witsch (KiWi 780, KiWi 1073 und KiWi 1530). Die fachliche Kompetenz und die kabarettistische Leichtigkeit sind die Grundlage für seine Musikbücher, die Wahlheimat Bonn und damit die Nähe zu Beethoven die Basis für dieses Buch.
Konrad Beikircher ist in dritter Ehe verheiratet, hat fünf Kinder und hat sich mit seiner Frau Anne auf dem Katharinenhof in Bonn ganz den Künsten verschrieben. Näheres ist unter www.TheRhineArt.de zu erfahren.

Konrad Beikircher

Der Ludwig – jetzt mal so gesehen

Beethoven im Alltag

Kiepenheuer & Witsch

Verlag Kiepenheuer & Witsch, FSC® N001512

4. Auflage 2020

© 2019, Verlag Kiepenheuer & Witsch, Köln
Alle Rechte vorbehalten. Kein Teil des Werkes darf in irgendeiner
Form (durch Fotografie, Mikrofilm oder ein anderes Verfahren)
ohne schriftliche Genehmigung des Verlages reproduziert
oder unter Verwendung elektronischer Systeme verarbeitet,
vervielfältigt oder verbreitet werden.
Umschlaggestaltung: Rudolf Linn, Köln
Umschlagmotiv: © caifas / stock.adobe.com
Gesetzt aus der DTL Albertina
Satz: Buch-Werkstatt GmbH, Bad Aibling
Druck und Bindung: CPI books GmbH, Leck
ISBN 978-3-462-05273-2

» B. war von Charakter etwas rauh und düster, doch graden Sinnes und trefflichen Herzens, und Feind aller Heuchelei. Seine ökonomischen Angelegenheiten mussten andere verwalten, sowie er überhaupt, auch in Beziehung auf sein Äußeres, sich nicht an Ordnung gewöhnen konnte. Seinen Geist beschäftigte das Reich der Töne und die Natur; doch schätzte er auch wissenschaftliche Leistungen und gab sich vor Allem gern dem Studium der Geschichte hin. Er war gedrungenen Körperbaus, mittler Statur, starkknochig, ein wahres Bild der Kraft. Krankheit lernte er erst in der letzten Zeit seines Lebens kennen. Seinen Neffen, den er väterlich liebte und selbst in der Musik unterrichtete, setzte er zu seinem Universalerben ein. B. eröffnete der Tonkunst ein ganz neues Gebiet in der Instrumentalcomposition. Seine reichen Tongemälde, die er in seinen größten Werken, den Symphonien, aufgestellt hat, schildern mit ergreifender Macht und Tiefe das Leben eines freien Geistes in der Natur, der bald mit tiefem Ernste in ihre Stürme blickt und sie in harmonische Ruhe zurückkehren läßt, bald mit leichtem Humor und munterm Scherz ihren Spielen lauscht, bald mit der Inbrunst eines Geliebten sich in ihr Anschauen vertieft. In ihm vereinigten sich Haydn's Humor und Mozart's Schwermuth; im Charakteristischen zeigte er sich Cherubini geistesverwandt. Aber er hatte, auf dem Wege seiner Vorgänger einherschreitend, kühnere Bahnen gebrochen, und die Musik scheint durch ihn das Äußerste gewagt zu haben. ›Haydn‹, sagt Reichardt in seinen ›Briefen aus Wien‹, ›erschuf das Quartett aus der reinen Quelle seiner lieblichen originellen Natur. An Naivetät und heiterer Laune bleibt er daher auch immer der Einzige. Mozart's kräftigere Natur und reichere Phantasie griff weiter um sich und sprach in manchem Satz das Höchste und Tiefste seines inneren Wesens aus; er war selbst nicht mehr executierender Virtuos, setzte auch mehr Wert in künstlich durchgeführte Arbeit und baute so auf Haydn's lieblich phantastisches Gartenhaus seinen Palast. B. hatte sich früh schon in diesem Palaste eingewohnt, und so blieb ihm nur, um seine eigne Natur auch in eignen Formen auszudrücken, der kühne, trotzige Turmbau, auf den so leicht Keiner weiter etwas setzen soll, ohne den Hals zu brechen.‹«

Allgemeine deutsche Real-Encyklopädie für die gebildeten Stände – Brockhaus, Leipzig 1833

Inhalt

Vorwort		9
I.	Beethovens Leben im Rheinland – und wie trotzdem etwas aus ihm geworden ist	20
II.	Die Ausbildung und der Sprung nach Wien	59
III.	Beethoven und das liebe Geld	92
IV.	Beethoven zu Tisch	122
V.	Der Mietnomade	133
VI.	Ludwig und die Frauen	149
VII.	Der Helikopter-Onkel	185
Anhang		199
Literaturverzeichnis		269
Dank		271
Personen- und Sachregister		272

Vorwort

Gleich zu Beginn das Wichtigste: Beethoven war Bonner! Er wurde in Bonn geboren, am 16. oder 17. Dezember 1770, und sein Herz hat immer an Bonn gehangen. Egal, was er tat, schrieb, sagte: Er hat es als *Bönnsche Jung* getan. Dass seine Karriere in Wien überhaupt geklappt hat, hat damit zu tun, dass er als Bonner überall in der Welt zurechtgekommen wäre – selbst in Bonn! Deshalb muss ich als Wahlbonner aus Südtirol natürlich erst mal was zum *Bönnschen* in Beethoven und zum Verhältnis dieser Stadt zu ihm schreiben, weil das in allen Biographien ziemlich untergeht.

Das fängt schon mal damit an, dass das ›van‹ eine hübsche rheinische Charade ist: kein richtiges ›von‹, aber ein bisschen mehr als gar nichts ist es doch! Und das bei einem, der – wie jeder richtige Rheinländer damals und heute – natürlich Republikaner war. Wenn der Münchner oder der Wiener heute noch Chromosomal-Monarchist ist (von denen kann ja keiner ohne Krönchen leben), war die rheinische Art auch zu Beethovens Zeiten schon ein bisschen anders: Man ertrug die Monarchen, mochte sie aber nur dann, wenn man mit ihnen abends auch mal ein Kölsch trinken konnte. Andernfalls konnten sie dem Rheinländer ›dä

Mai piefe‹ (den Mai pfeifen = den Buckel runterrutschen).

Und Ludwig van Beethoven war geradezu ein Parade-Republikaner. Vielleicht noch nicht während seiner Zeit in Bonn. Aber in Wien, wo jeder Laternenanzünder ein kaiserlich-königlicher war und wo mit Hofratstiteln die Straßen gepflastert wurden, schliff sich sein rheinisch-republikanisches Politikverständnis zu einer Waffe, die auch seinen Werken innewohnt. Das spürten die Zeitgenossen und reagierten darauf. Mit Jubel die einen, mit Verständnislosigkeit die anderen, weil neben der musikalischen Größe eben auch die politische Botschaft verstanden wurde: Bei der Suche nach einem musikalischen Ausdruck für die Menschheit kann es kein oben und unten geben, sondern nur ein »Alle Menschen werden Brüder«.

Für mich ist diese Dimension Beethovens ohne seine rheinische Jugend nicht erklärbar. Wir wissen, dass es eine schlichte, einfache Jugend war und schon dem Kind rheinische *Weetschafte* nicht unbekannt waren – und damit auch das dominante Gefühl an rheinischen Theken: Hier sind alle gleich. Oder anders gesagt: Unser Ludwig muss im kaiserlich-königlichen Wien, wo er täglich mit Fürsten, Adel und *Jedönsräten* konfrontiert war, schon beim Aufstehen *esu ene Hals* gehabt haben. Umso mehr, als er auf sie angewiesen war.

Insofern ist es eine, wie ich finde, lohnende Aufgabe, den rheinischen Wurzeln im Werk Ludwig van Beethovens nachzugehen. Ohne diesen »rheinischen Teppich« ist zumindest eine Geschichte gar nicht auslotbar, nämlich die Geschichte, die Bettina Brentano berichtet hat, die ich aber hier lieber Beethoven selbst in den Mund legen möchte:

»Wie ich in Teplitz ens der Goethe jetroffen habe, sind mir spazierenjejangen, un da kamen uns die Kaiserin von Österreich mit dem janzen Hofstaat und Jedönsräten und allem entjejen und der Goethe wollte denen schon Platz machen. Da hab ich für der Goethe jesagt: ›Bleibt nur in meinem Arm hängen, sie müssen uns Platz machen, wir nicht.‹ Aber dem Goethe wurde dat mit jedem Schritt unanjenehmer, er reißt sich plötzlich von mir los, tritt an die Seite und zückt der Hut bis zur Erde. Ich möchte mal sagen: ein Bild des Jammers, ne. Dieser Dichter, und dann der Hut bis zur Erde! Ich natürlich mitten durch durch die janze Bagage, kurz der Kaiserin zujenickt, hatte sich der Fall. Die haben sich auch alle brav verneigt und mich jejrüßt. Paar Schritte bin ich weiter jejangen und hab dann auf der Goethe jewartet. Und wie der kam, hab ich ihm jesagt, damit er es sich auch merkt: ›Auf Sie hab ich gewartet, weil ich Euch ehre und achte, wie Ihr es verdient, ne, aber jenen habt Ihr zu viel Ehre anjetan.‹ Hehe – hatte der natürlich einen Satz roter Ohren!«

So oder so ähnlich hat unser Ludwig die Geschichte im Wiener Griechen-Beisl oder im Sauerhof in Baden bei Wien wahrscheinlich erzählt.

Das Verhältnis der Städte Bonn und Wien zu Beethoven erinnert mich sehr an die Geschichte vom Tellerwäscher, der zum Millionär geworden ist. Leider! Denn der Tellerwäscher hatte zwar Kollegen und Freunde, als er Tellerwäscher war, aber selten feiern diese den späteren Millionär als einen der ihren. Und die Millionäre feiern ihn auch kaum, weil er ja mal Tellerwäscher war.

Die Wiener haben Millionen Anlässe zu feiern, die brauchen kein eigenes Beethovenfest. Die Bonner hätten allen Grund zu feiern, bekommen es aber mangels Masse nicht mit Grandezza hin. Den Wienern langt das Heiligenstädter Testament und eine betagte Aufseherin im Beethoven-Museum, die lieber im Schubert-Haus ihren Dienst verrichten würde (»Und was is? I häng da beim Beethoven umanand, dabei vergötter ich den Franzl!«); die Bonner tun sich schon schwer damit, Beethovens Geburtshaus vernünftig in Szene zu setzen. Zugegeben: Die Dinge haben sich gebessert, aber sie sind noch lange nicht da, wo sie sein könnten.

Gut, könnte man sagen, selbst schuld. Wer sich sein Leben lang zu allen querlegte wie der pockennarbige Beethoven, muss sich nicht darüber wundern, wenn die Nachwelt ihn vernachlässigt. Wie gesagt: Die Tellerwäscher würden einen der ihren sicher feiern, wenn er einer der ihren geblieben wäre. Nur: Wäre Ludwig Tellerwäscher, also in Bonn geblieben, wäre sein Ruf sicher brancheninterm geblieben, das heißt: *bönnsch*. Und da liegt der Hase im berühmten Pfeffer. Die Provinz verzeiht nur schwer, wenn einer der ihren sie verlassen hat. Und genau das ist, glaube ich, der Grund, warum die Bonner mit Beethoven nicht so wirklich zurechtkommen.

Das ist natürlich nicht nur ein Bonner Phänomen. Oft sind es die unscheinbarsten Käffer, die einmal in ihrer Geschichte zu den Sternen greifen und – schwupp – ein Genie in die Welt spucken. Eben noch war die Aufmerksamkeit der ganzen Welt auf die Impressionisten gerichtet, da erblickt in Wie-hieß-das-Kaff-noch-gleich? Pablo Picasso das Licht der Welt (es war Málaga). Oder Plön und Carl Maria von Weber, Kerpen und Michael Schumacher, Zwickau und Robert Schumann, Andernach und Charles Bukowski, Bonn und ... und ... ach ja: Ludwig van Beethoven.

Gut, neben Beethoven hat Bonn schon noch einiges zu bieten: Luigi Pirandello war dort; August Macke hat dort mit Franz Marc sein wundervolles (und einziges) Fresko gemalt (das nach Münster ins Westfälische Landesmuseum verkauft wurde, weil die Stadt Bonn kein Geld dafür hatte); die erste Leber wurde von Dr. Gütgemann, einem waschechten Bonner, in Bonn transplantiert (Kölschtrinker ahnen: Wo denn sonst?!) – und auch Johann Peter Salomon, der Haydn nach London gebracht, dort seine Konzerte organisiert und den Namen »Jupiter-Symphonie« erfunden hat, war gebürtiger Bonner (was in Bonn übrigens außer den Profis keiner mehr weiß). Also ein bisschen mehr als Zwickau oder Kerpen isset schon.

Aber wenn ich mich so umschaue, was Bonn alles für Beethoven tut, muss ich feststellen: nicht so viel! Festspiele, die niemanden in Atem halten, ein Archiv, das immerhin eine Hausnummer von der Stadt erhalten hat (damit fängt ja Förderung an: zu wissen, wo das zu Fördernde überhaupt ist!), ein Geburtshaus, das dezent versteckt wird, damit es von Besuchern nicht abgenutzt werden kann. *Un noch netens Teilchen mem Namen vom Ludwig* gibt es (müssten ja nicht gerade Beethovenkugeln heißen wie die Mozart-Teile in Salzburg, *Ludwigs Muuzen* tät's ja auch).

Ja, ja, es ist in den letzten zehn Jahren besser geworden. Aber Bonn geht mit Beethoven immer noch um wie mit einem, der vergessen hat, sich beim Einwohnermeldeamt abzumelden: Ist zwar hier gemeldet, aber lebt doch eigentlich in Wien, also sollen die doch gucken.

Daran sind allerdings nicht die Bonner allein schuld. Es liegt auch an Anton Schindler, dem langjährigen »persönlichen Referenten« Beethovens (bis zu seinem Tod und – selbsternannt – weit darüber hinaus!) und großen Biographie-Verzerrer. Und es liegt am 19. Jahrhundert mit seiner monumentalen Denkmal-Verehrung der »deutschen« Größen – ich sage nur »Deutsches Eck«, Porta Westfalica, Arminius, Niederwald, Walhalla et cetera et cetera. Kurz: Die Philosophie des »Am-deutschen-Wesen-soll-die-Welt-genesen« hat niemandem gutgetan, am wenigsten den Künstlern.

Heinrich Heine beschreibt übrigens Herrn Schindler so:

»Minder schauerlich als die Beethovensche Musik war für mich der Freund Beethovens, l'ami de Beethoven, wie er sich hier überall produzierte, ich glaube sogar auf Visitenkarten. Eine schwarze Hopfenstange mit einer entsetzlich weißen Krawatte und einer Leichenbittermiene. War dieser Freund Beethovens wirklich dessen Pylades? Oder gehörte er zu jenen gleichgültigen Bekannten, mit denen ein genialer Mensch zuweilen um so lieber Umgang pflegt, je unbedeutender sie sind und je prosaischer ihr Geplapper ist, das ihm eine Erholung gewährt nach ermüdend poetischen Geistesflügen? Jedenfalls sahen wir hier eine neue Art der Ausbeutung des Genius, und die kleinen Blätter spöttelten nicht wenig über den ami de Beethoven. ›Wie konnte der große Künstler einen so unerquicklichen, geistesarmen Freund ertragen!‹ riefen die Franzosen, die über das monotone Geschwätz jenes langweiligen Gastes alle Geduld verloren. Sie dachten nicht daran, daß Beethoven taub war.«

Die beiden (Schindler und das 19. Jahrhundert) haben aus Beethoven jedenfalls einen derartigen Superman gemacht, dass für den normalen »man« kein Platz mehr blieb und bis heute die Bonner wenig Lust verspüren, so ein titanisches Überwesen als einen der ihren anzusehen: Beethoven als der um jeden Ton Ringende, von seinem Genie gepeitscht, von seinem Künstlerbewusstsein gezwungen, nur das Erhabene und Wahre zu leben, die Fackel der Menschheit unter größten Qualen in der Hand haltend. Man muss nur Ewald Balser im Film »Eroica« von 1949 als Beethoven sehen, um zu verstehen: So kann es nicht wirklich gewesen sein.

Und so war es auch nicht. Es war ziemlich anders: Unser Ludwig war ein mit allen Wassern des damaligen Showbiz gewaschener Tastenlöwe; er pflegte sein Image als bärbeißiger Frauenheld durch betont unkonventionelles Verhalten; im Geschäftsleben war er ein durchtriebenes Schlitzohr, dem (fast) jedes Mittel recht war; er hatte den typisch rheinischen Blick fürs Reale und entsprechenden Humor – und er war natürlich Alkoholiker, aber hallo!

Vater Johann besaß eine Weinhandlung, er starb quasi im Delirium; Ludwigs Oma war so *jot dabei*, dass sie nach Köln in ein Heim eingeliefert wurde (für damals heißt das wirklich was!), und Ludwig selbst trank in seiner Wiener Zeit (also immerhin fast dreißig Jahre lang) pro Tag im Schnitt zwei Flaschen Weiß- und eine Flasche Rotwein. Er hatte halt nicht die Ausgeglichenheit eines Giuseppe Verdi – ebenfalls Sohn eines Weinhändlers.

Wenn Freunde da waren, kam schon mal die eine oder andere Flasche Schaumwein dazu. Am Alkohol starb er ja letztlich auch. Und am Blei, mit dem man damals noch den Wein »haltbar« gemacht hat. Schindler hat jedenfalls das halbe Leben Beethovens verbiegen müssen, um den Eindruck eines »Trunkenbolds« erst gar nicht entstehen zu lassen.

Außerdem: Beethoven eroberte Wien zunächst eher als Pianist denn als Komponist. Da ließ er nichts aus, was »imageförderlich« sein konnte. Graf Fries veranstaltete zum Beispiel ein Duell zwischen Daniel Steibelt, einem der größten Klaviervirtuosen seiner Zeit, und Beethoven. Man haut sich einander die Arpeggi um die Ohren, Ludwig ist schon kurz davor, den Lorbeer zu erringen, da setzt er noch einen drauf: Er schnappt sich ein Notenblatt von Steibelt, dreht es – so, dass es alle sehen konnten – auf den Kopf und improvisiert aus den auf den Kopf gestellten Noten aus dem Kopf Variationen, die Steibelt mit roten Ohren aus dem Saal und aus Wien (das er nachts fluchtartig verließ) fegten. Beethoven hat also nicht nur gegen ihn gewonnen, er hat ihn fertiggemacht. Und ganz Wien sprach davon.

Und die Frauen? Beethoven hatte zwar nie eine Ehefrau, aber Affären genug, auch wenn sie nie lange hielten. Freund Breuning wundert sich in seinem Tagebuch darüber, dass Beethoven, obwohl meistens unrasiert, ungepflegt und im Zimmer herumspuckend, sehr viel Glück bei den Frauen gehabt habe. Aber das kennt man ja: Klavier spielen, komponieren, etwas ungepflegt auftreten und das alles mit einem machomäßig pockennarbigen Gesicht, dem auch etwas Animalisches anhaftet – da sind sie fertig, die Frauen. Aber man kennt auch, dass das nie lange hält. Also war er bei all seinem Erfolg einsam und trauerte der nie Erreichbaren hinterher, wie sein Brief an die unsterbliche Geliebte zeigt.

Geschäftlich clever war er auch, eben ein richtig rheinisches Schlitzohr. Aber das musste man damals wohl sein, es gab ja noch keine GEMA. Er verkaufte seine Kompositionen gleich mehreren Verlegern gleichzeitig (ab und zu jedenfalls) und wunderte sich über deren Zorn, er ließ gleichsam Extra-Ausgaben verfassen, die er für 50 Gold-Dukaten verkaufte, und er holte mit persönlichen Widmungen seiner Werke noch mal Kohle raus. Und wenn all das nicht reichte, bot er das ein oder andere Werk auch noch zur Subskription an. Mehrfachvermarkter also und damit seiner Zeit – möchte ich sagen – geschäftlich weit voraus.

Und er hatte Humor, und zwar rheinisch-bissigen.

Alles in allem war er also ein toller Hecht, unser Ludwig, und wert, dass wir ihn zu seinem 250. Geburtstag gebührend feiern.

Dabei werde ich Sie nicht mit Musiktheorie et cetera erschlagen oder gar mit hochgelehrten Einordnungen seiner Meisterwerke, sondern ich werde versuchen, Ihnen seinen Alltag zu schildern und dabei ein paar Missverständnisse auszuräumen, die sich im Laufe der Jahrhunderte eingeschlichen haben.

Zum Beispiel, dass er ein armer Hund gewesen sei, der in rheinischer Isoliertheit in Wien sozial vor sich hin habe darben müssen, nach dem Motto: nur Donau, kein Rhein – nirgends! Nee, nee, unser Ludwig hat in Wien eine sehr lebendige rheinische Entourage um sich gehabt und hat sie beileibe nicht dauernd aufgesucht, er hat sie auch oft genug vor den Kopf gestoßen.

Oder mit der Vorstellung, dass er einsam gewesen sei, ja, die Einsamkeit geradezu gesucht habe, wie René Descartes, der jahrzehntelang vor den Leuten floh, um in Ruhe nachdenken und schreiben zu können, weil er die Wissenschaft neu erfinden wollte. Nein, unser Ludwig war ein Familientier und hat sich um seinen Neffen Karl wie um seinen eigenen Augapfel gekümmert (Ohr ging ja nicht, er war ja schon taub!). Leider hat er sich dabei zum Helikopter-Onkel entwickelt, was der Neffe gar nicht abkonnte.

Ich möchte Ihnen den geselligen Griesgram, den weltfernen Finanzjongleur, den hoffnungslos erfolglosen Casanova schildern, der am liebsten glücklich verheiratete Ehefrauen anbaggerte, und zwar mit geschlossener Hose, sich nächtens aber mit offener Hose von Freunden Escort-Service-Maderln ins Haus liefern ließ. Ich werde Ihnen vom Mietnomaden Ludwig erzählen, von seinen grauenvollen Kochkünsten, werde Ihnen erzählen, was und wie viel er getrunken hat und wie es überhaupt mit seiner Gesundheit aussah, kurz: *Der Ludwig – jetzt mal so gesehen.* Er soll vor uns dastehen wie ein Mensch, der zwar zu den ganz Großen der Menschheit gehört, der aber gleichzeitig ein völlig normaler Typ war, dem man amüsiert beim Leben zugucken kann. Er war weder der gebrochene Titan noch der verzweifelte Ringer mit dem Schicksal, eher Ludwig, der laute, polternde Mieter in der zweiten Etage, unter dem keiner wohnen wollte, noch nicht mal die Nachwelt. Deshalb hat sie ihn sich lieber schön geguckt! Viel Spaß! Auch beim Blättern in den vielen Dokumenten – so können Sie sich selbst ein Urteil bilden!

I.

Beethovens Leben im Rheinland – und wie trotzdem etwas aus ihm geworden ist

Ich möchte mit einer Geschichte anfangen, die wahr ist und die exemplarisch zeigt, wie viel Verwirrung um das deutsche Kulturgut Beethoven im kollektiven Bewusstsein herrscht.

Ein deutscher Bundespräsident – der Name tut nichts zur Sache … – äußerte kurz nach Amtsantritt den Wunsch, mit seiner Frau das Beethovenhaus exklusiv zu besichtigen, also ohne störende Zuschauer links und rechts. Natürlich wurde dem Wunsch entsprochen und das Paar durch das Haus geleitet. Kurz bevor man zum Geburtszimmer Beethovens kam, sagte der Bundespräsident zu seiner Frau: »Und jetzt, liebe …, kommen wir in das Zimmer, in dem Ludwig van Beethoven gestorben ist, nachdem er, blind geworden, von Wien nach Bonn gekommen war.«

Mehr ist zu dieser kleinen Begebenheit nicht zu sagen, oder?!

Versuchen wir also das, was wirklich war, ein bisschen zu sortieren.

Wahrscheinlich ist unser Ludwig am 16. Dezember 1770 geboren, einem Sonntag. Weil man damals bei jeder Geburt befürchtete, ein Neugeborenes könnte schnell sterben, taufte man es so flott wie möglich, damit es zumindest in den Himmel kommt. Ich meine: So ein Leben im Himmel mit Flügelchen auf den Schultern und dann ein bisschen über den Bilderrahmen auf die Erde gucken, ist ja auch nicht verkehrt, oder? Wissen wir ja von Raffael. Ungefähr jedes vierte Baby starb damals jedenfalls im ersten Lebensjahr, jedes zweite Kind erreichte das 14. Lebensjahr nicht.

Papa van Beethoven hatte einen besonders guten Grund zur eiligen Taufe: Ludwigs älteres Brüderchen Ludwig Maria ist ein Jahr vorher gerade einmal sechs Tage alt geworden und auch die drei Nachzügler, Anna Maria Franziska, Franz Georg und Maria Margarete Josepha, hat es zwischen 1779 und 1787 im zartesten Kindesalter dahingerafft. Na gut, neben der allgemein hohen Kindersterblichkeit kamen da vielleicht die Alkohol-Gene von Papa Johann dazu – und die von der Oma väterlicherseits.

Am Montag, dem 17. Dezember, ist unser Ludwig jedenfalls getauft worden, und das war wahrscheinlich der erste Tag nach der Geburt. Hebammen konnten damals noch nicht schreiben, sonst hätten wir sicher eine genauere Notiz über den Zeitpunkt der Geburt Beethovens.

Apropos Taufe – da muss ich Ihnen eine kleine Geschichte erzählen: Kurt Masur, der große Dirigent, war im Jahr 2008 zu Besuch in Bonn und fragte an der Rezeption seines Hotels, wo denn Beethoven getauft worden sei, er wolle sich gerne das Taufbecken ansehen. Die Dame an der Rezeption bat um ein paar Augenblicke Geduld, sie wolle im Beethovenhaus nachfragen. Kurz darauf teilte sie Masur mit: »Beethoven ist in der Kreuzkirche getauft worden.« Dazu sollte man wissen, dass die Kreuzkirche eine evangelische Kirche ist und dass sie von 1866 bis 1871 gebaut wurde …

Beethovens wahre Taufstätte, die alte Remigiuskirche, die 1800 vom Blitz zerstört wurde und abgetragen werden musste, stand am heutigen Blumenmarkt und war damals natürlich unbeheizt. Johann van Beethoven, der frischgebackene Papa, hat am Sonntagabend mit seinen Freunden (alles Musiker, und wie die zulangen können, ist ja hinlänglich bekannt) die Geburt begossen. Jetzt, am Montagmorgen, gibt er dem Pfarrer Bescheid, er hätte da wen zum Taufen, und läuft mit dem Kleinen rüber in die Kirche. Er nimmt die beiden Taufpaten mit, Ludwig van Beethoven, der Opa, und die Frau des Nachbarn, Gertrud Müller, genannt Baums *Jechtrud*! Es ist der 17. Dezember und eiskalt! Das Taufbecken ist zugefroren, der Pfarrer muss erst mal mit dem Eispickelchen etwas Eis crushen, damit man überhaupt taufen kann. Und da steht nun der Papa und hält den kleinen Ludwig in den Armen. Er macht dem Baby den Oberkörper frei, Ludwig läuft vor Kälte sofort blau an, und dann setzt er den Kleinen in den ersten Windeln seines Lebens auf das Eis. Der Pfarrer holt das Taufschäufelchen (so was gab's damals für die Winterzeit in den ungeheizten Kirchen und es hatte natürlich auch einen Namen: trulla lavacri, im 20. Jahrhundert dann zu einem abwertenden Spitznamen für ein bisschen umständliche, schwerfällige Frauen degeneriert: du Trulla!), schüttet ein Schäufelchen voll gecrushten Eises über das Baby – und im Kälteschock kräht der Kleine vor sich hin: »A…a…a… aaaaaaaaah«.

Woran sich das Unterbewusstsein unseres Ludwigs Jahrzehnte später vielleicht wieder erinnert, als er im Februar 1804 die ersten Skizzen zu seiner fünften Sinfonie niederschrieb. Ihm fehlte noch die zündende Idee, so sehr er sich auch bemühte, es fiel ihm einfach nichts ein. 1804 war ein schweinekalter Winter, Beethoven lebte auf der Mölkerbastei Nr. 8 im »Pasqualatischen Haus« im 4. Stock, brachte im Unterhemd gerade das Leergut runter, bevor er weitermachen wollte. So nach dem Motto: Ein bisschen Kälte erfrischt und pustet das Hirn durch. Er fluchte über die erbärmliche Kälte, da fiel ihm seine Taufe ein und die Geschichte über sein vor Kälte stotterndes Schreien. Fertig war das Hauptmotiv der fünften Sinfonie. Heute wissen wir ja, dass solche Traumata, wie bei der Taufe mit nacktem Oberkörper auf Eis zu liegen, uns ein Leben lang begleiten können …

Jetzt möchte ich ein bisschen springen (das werde ich noch öfter tun, am besten gewöhnen Sie sich schon mal dran, denn eine Biographie nach dem Motto: »Das war im Dezember 1770 und jetzt kommt der Januar 1771. Über den gibt es allerdings nix zu berichten, sodass wir gleich zum Februar 1771 übergehen können ...« und so weiter bis zum März 1827 – so eine Lebensbeschreibung werden Sie von mir nicht lesen.).

Nun ist unser Ludwig also getauft und das Leben kann losgehen. Da muss ich aber einen Moment einhaken, denn Beethoven ist es nicht anders gegangen als allen Promis. Nix interessiert die Leut mehr als das private und privateste Leben bekannter Menschen, ich sage nur Lady Di, da wird gewühlt und geschnüffelt, dass es selbst einer Trüffelsau schlecht wird, und die verstehen ja wirklich was von Wühlen und Schnüffeln. Gerüchte gelten als Nachrichten, üble Nachrede als Recherche und Häme als Würdigung. Und wenn dann doch mal einer genauer hinschaut und sieht, dass alles halb so wild war, ist die Enttäuschung groß. Das allerdings ist kein Alleinstellungsmerkmal unserer heutigen Zeit, über die Konservative klagen, sie sei moralisch verwahrlost, nein, Herrschaften, das hat es immer schon gegeben. Wie zum Beispiel Aristophanes in seinen Komödien über Sokrates herzog, das hatte absolut »Daily Mirror«- oder »Bild«-Niveau. Sei's drum. Bei unserem Ludwig war das ähnlich wie bei Mozart: Rankten sich bei diesem die Gerüchte um seinen Tod (Verschwörungstheorien ohne Ende, von »Der is vom Salieri aus Neid vergiftet worden« bis hin zu »Der hat sich die Syphilis g'fangen und hat sich viel zu viel Quecksilbersalben draufg'schmiert bis er tot umg'fall'n is«), so bildeten sich bei Beethoven Legenden um seine Abstammung.

Im »Dictionnaire historique des Musiciens«, das in Paris 1810 erschien und von den Herren Alexandre Choron und Francois Fayolle verfasst worden war, taucht zum ersten Mal eine Behauptung auf, die in der Folge immer wieder kolportiert wurde. Die Behauptung nämlich, Beethoven sei der uneheliche Sohn des Preußenkönigs Friedrich Wilhelm II. gewesen (das war der, der das Brandenburger Tor gebaut hat, auch nicht gerade eine Leistung, für die man gern verewigt sein möchte!). Woher die Wurzel dieses Gerüchts rührt, wissen wir nicht. Und wie das gegangen sein soll, dass die ehrenwerte Maria Magdalena van Beethoven, verwitwete Leym, geborene Keverich, aus Ehrenbreitstein bei Koblenz, zwischen Trauer und Wiederverheiratung mal eben nach Berlin gedüst und da ausgerechnet dem König in die Arme gelaufen sei, steht eh auf einem anderen Blatt. Tatsache ist, dass dieses Gerücht die Freunde Beethovens aufgeregt hat, insbesondere diejenigen, denen die Mutter Beethovens noch im Gedächtnis war.

Der Bonner Freund Beethovens aus alten Tagen, Franz Gerhard Wegeler, will diesen Schmutz aus der Welt schaffen und schreibt am 28. Dezember 1825 aus Koblenz an Ludwig van Beethoven einen Brief, in dem er einen großen Bogen über die Jahrzehnte schlägt:

»Wenn du binnen den 28 Jahren, daß ich Wien verließ, nicht alle zwei Monate einen langen Brief erhalten hast, so magst du dein Stillschweigen auf meine ersten als Ursache betrachten. Recht ist es keineswegs und jetzt um so weniger, da wir Alten doch so gern in der Vergangenheit leben, und uns an Bildern aus unserer Jugend am meisten ergötzen. Mir wenigstens ist die Bekanntschaft und die enge, durch deine gute Mutter gesegnete, Jugendfreundschaft mit dir ein sehr heller Punkt meines Lebens, auf den ich mit Vergnügen hinblicke ... Gottlob, daß ich mit meiner Frau, und nun später mit meinen Kindern von dir sprechen darf; war doch das Haus meiner Schwiegermutter mehr dein Wohnhaus als das deinige, besonders nachdem du die edle Mutter verloren hattest ... Warum hast du deiner Mutter Ehre nicht gerächt, als man dich im Conversations-Lexikon [gemeint ist der Brockhaus, KB], und in Frankreich zu einem Kind der Liebe machte? ... Nur deine angebohrne Scheu etwas anderes als Musik von dir drucken zu lassen, ist wohl schuld an dieser sträflichen Indolenz.

Willst du, so will ich die Welt hierüber des Richtigen belehren. Das ist doch wenigstens ein Punkt, auf den du antworten wirst.«

Fast ein Jahr später, am 10. Dezember 1826 antwortet Beethoven und entschuldigt sein Säumen:

»Freylich hätte pfeilschnell eine Antwort ... erfolgen sollen; ich bin aber im Schreiben überhaupt etwas nachlässig, weil ich denke, daß die bessern Menschen mich ohnehin kennen. Im Kopf mache ich öfter die Antwort, doch wenn ich sie niederschreiben will, werfe ich meistens die Feder weg, weil ich nicht so zu Schreiben im Stande bin, wie ich fühle ... Du schreibst, daß ich irgendwo als natürlicher Sohn des verstorbnen Königs von Preußen angeführt bin; man hat mir davon schon vor langer Zeit ebenfalls gesprochen. Ich habe mir aber zum Grundsatze gemacht, nie weder etwas über mich selbst zu schreiben, noch irgendetwas zu beantworten, was über mich geschrieben worden. Ich überlasse dir daher gerne, die Rechtschaffenheit meiner Altern, u. meiner Mutter insbesondere, der Welt bekannt zu machen.«

Was Freund Wegeler dann in seinen »Biographischen Notizen über Ludwig van Beethoven« auch getan hat. Mit Erfolg. Denn hatte Brockhaus in der 1830er-Ausgabe dieses Gerücht noch kolportiert – in der 1833er-Ausgabe war es bereits verschwunden.

Dennoch geistert dieses Gerücht immer wieder bis heute durch die Beethoven-Biographien – so wadenbeißerisch-hartnäckig ist offenbar nach wie vor das Interesse daran, die Großen auf das unerträgliche Niveau des privaten Luder-Fernsehens herabzuziehen.

Bleiben wir bei den nicht minder amüsanten Fakten: Beethoven wurde in eine Familie hineingeboren, die etwas Besonderes war. Der Opa väterlicherseits stammte aus Mechelen in Belgien, war ein braver Musiker in kurfürstlichen Diensten am Hof in Bonn, Bass und Dirigent, und besserte sein Einkommen durch einen Weinhandel auf. Er selbst war wohl einigermaßen ausgeglichen, seine Frau allerdings hatte die rheinische Krankheit: *Schabau*. Das heißt Schnaps und war damals das Volksgetränk für die einfachen Leute. Die konnten sich keinen Wein leisten, außerdem lehnten sie ihn ab, weil die

Wirkung zu lange auf sich warten ließ. Schnaps war billig und zielführend, also vom Preis-Wirkungs-Verhältnis wesentlich effektiver als der teure Wein. Selbst Heinrich Böll schrieb noch, dass man bis Bad Godesberg, von Süden kommend, Wein trinke, ab Bonn aber Schnaps, also Schabau.

Übrigens hat man in der Zeit Säuglingen einen schnapsgetränkten Schnuller in den Schnabel gesteckt, damit sie ruhig blieben. Eine bewährte Methode auch in meiner Heimat: In Südtirol behauptete man noch in den 1950er Jahren, die »Unterlandler« (das ist die Gegend südlich von Bozen, wo der wunderbare Wein herkommt) seien deshalb so dumm, weil sie in Leps getränkte Schnuller *zuzeln* mussten, während die Eltern beim *Wimmen* waren, also bei der Weinlese. Leps ist kein Most, sondern ein eigens hergestellter »Wein«, der aus dem gemacht wurde, was von den Trauben nach dem Einstampfen und Entsaften im Bottich übrig geblieben ist. Er schmeckt grauenhaft, hat weniger Alkohol als richtiger Wein und dient deshalb als erfrischender Quasi-Wein bei der Feldarbeit zur Stärkung – und um die Monotonie dieser Arbeit etwas geschmeidiger zu machen. Und genau da durften die Babys nicht stören, also hat man ihren Schnuller in Leps getunkt und Ruhe war!

Maria Josepha van Beethoven, geborene Poll, Ludwigs Oma, war jedenfalls – und das sollte man würdigen – eine der ersten großen bekennenden Alkoholikerinnen des Rheinlandes. Gottfried Fischer (Bäckermeister und

Kindheitsfreund vom Ludwig – wir kommen noch auf ihn zu sprechen) schreibt über sie:

»… eine stille gute Frau, die aber dem Trunck so stark ergeben war, womit er [der Opa vom Ludwig] so vill heimliche Leiden ertragen hat, dass er nachher zuletzt auf den Gedanken gekommen war, dass er sie nach Köln in Pangsion gethan.« Beethovens Großmutter ist also im Schabau-Stübchen der Geschlossenen in Köln gestorben, für damals ein eher seltenes Familienereignis. Gerüchten zufolge soll sie die Urheberin der Hymne »Einer geht noch, einer geht noch rein« gewesen sein, aber mündliche Überlieferungen aus diesem Dunstkreis stehen immer auf unsicheren Beinen. 1775 ist sie jedenfalls »im Glas geblieben« (eine südtirolerische Redensart, wenn einer, der kein Weinverächter war, gestorben ist). Unser Ludwig hat sie kaum oder gar nicht gekannt, als sie starb, war er gerade mal fünf Jahre alt. Den Opa, der 1773 gestorben war, hat er zwar auch kaum gekannt, aber hoch geehrt: Sein Porträt in Öl hat der Enkel bis zum Schluss immer mitgenommen und in seinen Wohnungen prominent ausgestellt. Es ist bis heute gut erhalten – klar, Öl konserviert – und hängt im historischen Museum der Stadt Wien. Kann man hingehen und gucken, aber wirklich lohnen tut sich's nicht. Er hält ein Notenblatt in der Hand, der Porträtist hatte aber ein Schärfeproblem: Sein Pinsel war so unscharf eingestellt, dass man nicht erkennen kann, was das denn für Noten sind, die der Porträtierte da in der Hand hält. Ludwig hätte es vielleicht gewusst, hat uns aber nix darüber überlassen. Vielleicht sind es ein, zwei Zeilen aus einem Karnevalsschlager, wir wissen nämlich, dass der alte Ludwig auch dazu verpflichtet war, die Sitzungen vom Festausschuss Bonner Karneval und die Prunksitzungen der Bonner Karnevalsgesellschaft »Mures Albae e.V. – Wieß Müüs e.V.« musikalisch zu untermalen. Vielleicht hat daher auch unser Ludwig das Karnevals-Gen abbekommen: vom Opa und von der Oma. Einige Kompositionen legen jedenfalls nahe, dass er sein Leben lang an Karnevalsliedern hing. Den Wienern konnte er damit nicht kommen, die mögen den Rhein heute noch nicht, sie haben ja die Donau. Also versteckte er immer wieder geliebte rheinische Themen in seinen Kompositionen. Der Beginn der Sonate für Violine und Klavier op. 24 Nr. 5 in F-Dur, der Frühlingssonate, ist so ein Fall. Singen Sie ab dem ersten Takt parallel dazu: »Einmal am Rhein, und dann zu zweit alleine sein«. Sie werden hören: Ich habe recht! Was muss dieser Mann für ein Heimweh gehabt haben!

Der Dirigent und Weinhändler Ludwig van Beethoven (der Opa), der beste Verbindungen zum niederländischen und belgischen Markt unterhielt, hatte sich also in Bonn niedergelassen und war ein geschätzter Mann.

Bonn war damals ein Städtchen mit 9560 Einwohnern (1770), das ausschließlich vom Kurfürsten lebte. Fabriken oder Handel in größerem Umfang gab es nicht (das hätten die Kölner wahrscheinlich auch gar nicht zugelassen). »Das ganze Bonn wurde gefüttert aus des

Kurfürsten Küche«, schrieb ein spöttischer Journalist. Hört sich ein bisschen an wie Bielefeld und Oetker oder Wolfsburg und VW, oder?!

Alexander Wheelock Thayer, ein amerikanischer Diplomat (1817–1897) und Musikschriftsteller, dessen Verdienst es ist, *die* Beethoven-Biographie seiner Zeit geschrieben zu haben, die heute noch überwiegend Gültigkeit hat, schildert die kleinstädtische Idylle Bonn so:

»Unsere Einbildungskraft mag uns einen hübschen Oster- oder Pfingstmorgen in jenen Jahren ausmalen und uns die kleine Stadt in ihrem festtäglichen Schmucke und Geräusche zeigen. Die Glocken läuten auf den Schloß- und Kirchtürmen; die Landleute in groben, aber kleidsamen Gewändern, die Frauen mit hellen Farben überladen, kommen aus den umliegenden Dörfern herein, füllen den Marktplatz und drängen sich in die Kirchen zur Frühmesse. Die Adligen und Vornehmen, in breit herabhängenden Röcken, weiten Westen und Kniehosen, die ganze Kleidung aus glänzend farbigen Seidenstoffen, Atlas und Samt, mit großen, weißen, fliegenden Halskragen, Handkrausen über den Händen, Schnallen von Silber oder gar von Gold an den Knien und auf den Schuhen; hohe, gekräuselte und gepuderte Perücken auf dem Haupte und bedeckt mit einem aufgekrempten Hute, wenn sie ihn nicht unter dem Arme trugen; ein Schwert an der Seite und gewöhnlich ein Rohr mit goldenem Knopfe in der Hand und, wenn der Morgen kalt war, einen Scharlachmantel über die Schulter geworfen; so richten sie bescheiden ihren Weg zum

Schlosse, um Sr. Durchlaucht die Hand zu küssen, oder sie fahren zu den Toren hinein in schwerer Equipage, auf denen man noch weißgepuderte, mit gekrempten Hüten bekleidete Kutscher und Bediente sieht. Ihre Frauen tragen lange und enge Schnürbrüste, aber ihre Kleider fliegen mit mächtigem Schwunge; durch Schuhe mit sehr hohen Absätzen und durch den hohen Wulst, in welchen sie ihr Haar hinaufgekämmt haben, erscheinen sie größer, als sie sind; sie tragen kurze Ärmel, aber lange seidene Handschuhe bedecken ihre Arme. Die Geistlichen, in Namen und Kostüm verschieden, sind gekleidet wie jetzt, die wallende Perücke ausgenommen. Die Kompanie der kurfürstlichen Garde ist ausgeritten, und von Zeit zu Zeit hört man den Donner des Geschützes von den Festungswällen. Von allen Seiten begegnen dem Auge starke und glänzende Farbenkontraste, Samt und Seide, Purpur und feine Leinwand, Gold und Silber. Das war der Geschmack der Zeit; kostspielig, unbequem in der Form, aber imponierend, großartig und den Unterschied von Rang und Stand bezeichnend.«

Das nur zum Motto: *Ach, wat wor dat früher schön.*

Der Opa hatte natürlich auch Kinder, eines davon war Johann, der Papa vom Komponisten, und dem müssen wir ein bisschen Gerechtigkeit widerfahren lassen. Fast 200 Jahre lang ist er zerzaust worden, kein gutes Haar hat man an ihm gelassen. Zu streng sei er zu seinem Sohn gewesen, geschäftlich ein Versager, Alkoholiker von großen Gnaden, selbst sein größter Kunde (er hatte ja den Weinhandel vom Papa übernommen), und als Ehemann der letzte Heuler. Und es kommt noch schlimmer: Er sei sogar, so die neuesten Interpretationen einiger Quellen, ein Mann mit pädophilen Neigungen gewesen, jedenfalls habe er die Tochter der Vermieter, Cäcilie Fischer, mehr als gerne auf dem Schoß sitzen gehabt und sei sehr zärtlich zu ihr gewesen.

Da kommt jetzt unser Zeitzeuge Gottfried Fischer ins Spiel. Er war eines der Kinder der Bäckersfamilie Fischer in der Bonner Rheingasse Nr. 24 (das Haus existiert leider nicht mehr), wo die Familie van Beethoven ab 1776 circa zehn Jahre lang wohnte. Da war unser Ludwig sechs Jahre alt. Beethovens Brüder, Kaspar Anton (vier Jahre jünger als Ludwig) und Nikolaus Johann (sechs Jahre jünger), waren auch schon auf der Welt und zusammen mit den Fischerbengeln (Gottfried war jüngstes von neun Kindern und zehn Jahre jünger als Beethoven) muss das eine nette Rabaukentruppe gewesen sein.

Dieser Gottfried Fischer also ist auch Bäcker geworden, Meister sogar, und hat Erinnerungen an Beethovens Kindheit in Bonn geschrieben.

Das kam so: Als die Bonner 1845 ihrem größten Sohn ein Denkmal errichten wollten, haben sie erst mal getan, was man heute auch gerne tut: ein Komitee zusammengestellt. Dieses »Comité für Beethovens Monument« hat die Lebensspuren Ludwigs in Bonn gesichert und sich zum Beispiel um die Restaurierung des Geburtshauses gekümmert. Das ärgerte Gottfried Fischer sehr, denn im

Geburtshaus hatten die Beethovens nur kurz gewohnt, im Hause seiner Eltern dagegen über zehn Jahre lang. Er lief zum Comité und beschwerte sich, was die hohen Herren zu einer rheinischen Lösung anregte: »Wenn du das alles noch so genau weißt, dann schreib doch deine Erinnerungen an unseren Ludwig auf und dann gucken wir weiter.«

Daraufhin setzte sich Gottfried mit seiner 18 Jahre älteren Schwester Cäcilia zusammen. Sie war die Vertraute des Knaben Beethoven (acht Jahre älter als Ludwig und Schoßhockerin bei Ludwigs Papa Johann) und hatte ein gutes Gedächtnis. So kam es zu den Aufzeichnungen der beiden, die ihre Kindheit mit Ludwig geteilt hatten (geschrieben von 1837–1857).

Apropos »Comité für Beethovens Monument« – das hat ja eine erzählenswerte Geschichte hinter sich, die ich Ihnen nicht vorenthalten möchte. Auf Vorschlag des Musikwissenschaftlers Professor Breidenstein sollte ja schon 1827 »unserem großen Beethoven in seiner Vaterstadt Bonn ein Monument« errichtet werden. Aber wegen der Cholera, die damals in halb Europa grassierte, fiel der Vorschlag durch. Wobei man sich fragt: Warum eigentlich? Beethoven war ja schon tot. Sei's drum.

Dann aber ging es weiter und hier darf ich Manfred van Rey zitieren, der in seiner vorzüglichen »Bonner Stadtgeschichte kurzgefaßt« Folgendes schreibt:

»Den nächsten Anlaß bot dann Beethovens 75. Geburtstag. ... Bei der feierlichen Enthüllung des von dem

Dresdner Bildhauer Ernst Hähnel geschaffenen Denkmals waren König Friedrich Wilhelm IV. von Preußen, die englische Königin Victoria, Erzherzog Friedrich von Österreich und Alexander von Humboldt anwesend. Breidenstein notierte dazu: ›Gegen zwölf Uhr verkündigte das Glockengeläut die Ankunft der Majestäten, welche in dem gräflich-fürstenbergischen Palais (der heutigen Hauptpost) abstiegen. Das engere Komitee begab sich auf Befehl seiner Majestät dahin und präsentierte allerhöchstdenselben die … auf Pergament geschriebene Stiftungsurkunde mit der untertänigsten Bitte, … sie zu unterzeichnen … Das Komitee begab sich sodann wieder auf den Platz zurück, um die feierliche Enthüllung des Denkmals vorzunehmen …

In diesem Augenblicke fiel die Hülle und Tausende von Stimmen begrüßten mit lautem Rufe, begleitet vom Donner der Geschütze und dem Geläute der Glocken, das Abbild des unsterblichen Meisters.‹

Als die Hülle herabglitt, so die beliebte Bonner Anekdote, und Beethoven den illustren Gästen unhöflich die Rückenpartie zeigte, entrüstete sich der preußische König: ›Ei, ei, er kehrt uns ja den Rücken!‹ Doch Alexander von Humboldt rettete die Situation: ›Majestät, er ist auch schon in seinem Leben immer ein grober Kerl gewesen.‹

Um die Aufstellung des Denkmals hatte sich vor allem Franz Liszt verdient gemacht, der drei Sommer auf der bei Bonn gelegenen Rheininsel Nonnenwerth mit der französischen Gräfin d'Agoult (ihre gemeinsame Tochter Cosima heiratete den Komponisten Richard Wagner in zweiter Ehe) verbrachte und hier im übrigen auch komponierte. In der aus Anlaß der Enthüllung des Beethovendenkmals aus Holz erbauten ersten Beethovenhalle dirigierten neben ihm Louis Spohr und Hector Berlioz. Erstmals erklangen in ihr in Bonn Beethovens Missa solemnis und die Neunte Symphonie. Im Gasthof ›Stern‹ ging das anschließende Festmahl als ›Zank- und Streitesssen‹ zu Ende. Die damals berühmte Tänzerin und Geliebte König Ludwigs I. von Bayern, die ›Bayerische Pompadour‹ Lola Montez, tanzte dabei auf den Tischen.

Trotz aller Ärgernisse war die Enthüllungsfeier ein musikgeschichtlich einzigartiges Fest: Es führte nicht nur zum ersten Mal die überragende Bedeutung Ludwig van Beethovens der Weltöffentlichkeit vor Augen, sondern war das glänzendste Ereignis in der Bonner Stadtgeschichte des Neunzehnten Jahrhunderts überhaupt. 1870 entstand dann die im Zweiten Weltkrieg zerstörte ältere Beethovenhalle, hier fand im Jahr darauf das Zweite Bonner Beethovenfest statt.«

Soweit Manfred van Rey.

Zu ergänzen wäre eine kleine Anekdote, die das Ganze abschließt: Liszt hatte seine Lola Montez im Sternhotel im Zimmer eingesperrt, während sie noch schlief. Er ging frühstücken und gab dem Portier beim Auschecken die Zimmerschlüssel mit der Weisung, die Dame erst zwölf Stunden nach seiner Abreise zu entlassen. Er hat sogar Geld für die vorauszusehende Zertrümmerung des Mobiliars hinterlassen – Rockkonzerte eben, oder? Dann ging er in die Beethovenhalle, dirigierte, führte seine Kantate urauf, gab Beethovens Klavierkonzert in Es-Dur zum Besten, holte bei der Rezeption seinen Koffer ab und weg war er. Hätte sich Ludwig I., König von Bayern, auch so verhalten, wer weiß, wie viel Ärger den Münchnern erspart geblieben wäre!

Natürlich machte sein Groupie eine standesgemäße Bambule, wurde aber erst am späten Abend befreit.

Aber zurück zu den Aufzeichnungen von Gottfried Fischer. Leider ereilte diese ein geradezu klassisches akademisches Schicksal: Weil er in einem absoluten Kauderwelsch schrieb (er schrieb so, wie er sprach: eine Mischung aus Kölsch, Bönnsch und dem *Vürjebirgs*-Platt, weshalb ich die Passagen hier in verständliches Deutsch übertragen habe) und ganz offenbar (übrigens: eingestandenermaßen) von Musik keine Ahnung hatte, taten ihn die hehren Beethoven-Musikologen als dummen Bäcker ab, der ganz kleine, aber bitte schön janz, janz kleine Brötchen backen solle, wenn es um »unseren« Ludwig geht. Sprich: Man hat ihm nicht geglaubt und ihn ad acta gelegt. Erst in den 1960er Jahren hat der Bonner Weinkenner und Musikwissenschaftler Prof. Joseph Schmidt-Görg die Aufzeichnungen wiederentdeckt, übersetzt und neu bewertet. Margot Wetzstein, Mitarbeiterin des Beethovenhauses in Bonn, hat – ergänzt um neue Forschungsergebnisse – das alles in dem wunder schönen Buch »Familie Beethoven im kurfürstlichen Bonn« (Bonn 2006) herausgegeben, bebildert und kommentiert.

Zurück zum Papa, zu Johann van Beethoven, und dazu, dass ich eine kleine Lanze für ihn brechen möchte. Es fängt damit an, dass schon der alte Ludwig van B., also der Opa, von seinem Sohn Johann nicht viel gehalten hat. Fischer erzählt:

»Der Hof Kapellmeister Ludwig v. Beethoven hat einmal im Unterhaus zufällig gesagt: ›Da stehen drei Johannesse wie im Kleeblatt beisammen, der Lehrbursche ist Johannes der Fresser, den sieht man immer fressen, der Gesell im Haus ist Johannes der Schwätzer und weist mit der Hand auf seinen Sohn, das ist Johannes der Läufer, lauf nur, lauf nur, du wirst doch einmal an dein Ende laufen‹. Johann v. Beethoven hatte einen flüchtigen Geist, machte oft kleine Reisen, nach Köln, Deutz, Andernach, Koblenz, Ehrenbreitstein, und wer weiß, wohin noch mehr. Dies tat er, wenn er wusste, dass sein Vater zwei, drei oder vier Tage verreiste. Er versuchte zu freien oder auch zu heiraten, welche! und wo!, wusste man damals noch nicht.«

Johann war also, sobald der Herr Papa unterwegs war, auf der Piste. Allein und mit dem älteren Bruder Gottfrieds, dem Theodor Fischer. Beide spielten Zither und zogen dann um die Ecken, denn beide waren Singles und wollten eine Braut finden. Theodor war dann der Erste, der Erfolg hatte.

Die Zither hat Gottfried dem »Comité für Beethovens

Monument« übrigens zur Verfügung gestellt, »die Zither ist noch im guten Stand«, merkt er stolz an.

Irgendwann hat es dann auch für Johann geklappt (ob die Zither dabei eine Rolle gespielt hat, wissen wir nicht), Maria Magdalena Keverich aus Ehrenbreitstein war die Auserwählte. Mit 16 hatte sie einen Witwer, einen Herrn Leym, geheiratet, hatte ein Kind bekommen, das mit einem Monat starb, und wurde bereits mit 19 Witwe. Das war schon das, was man eine bewegte Jugend nennen kann. Ihr Cousin war Geiger im Hoforchester in Bonn, Magdalenchen hat ihn wohl öfter besucht, der junge Johann van Beethoven stand da in der Gegend herum und am 12. November 1767 reichte man sich Hand, Herz und Ringe. Wo? Na, natürlich in der Remigiuskirche, dort sollte ja dann auch unser Ludwig getauft werden. Papa van Beethoven, der Opa, war von seiner Schwiegertochter nicht begeistert. Fischer schreibt:

»Wie sich Herr Hofkapellemeister über sie erkundigt hatte und erfuhr, dass sie ehemals Kammermädchen gewesen war, war sein Vater sehr dagegen, dass er zu ihm gesagt, das hätte ich nie von dir geglaubt, nie erwartet, dass du dich so heruntergesetzt hättest. Aber, was wolle er machen, es war sein Sinn, er bestand darauf, er musste es geschehen lassen, hätte sein Vater ihm gesagt, tu du nur, was du willst, so tue ich auch, was ich will, so überlasse ich dir hier das ganze Quartier und ziehe aus.«

Zoff auf der ganzen Linie, oder? Sie sind dann allerdings alle ausgezogen: der Opa und Papa Johann mit seiner jungen Braut.

Drei Jahre nach der Eheschließung starb der alte Knötter, Magdalena muss da wohl etwas erleichtert gewesen sein. Dennoch: Sie blieb ihr Leben lang ernst. Ob das jetzt mit Opa van Beethoven zu tun hat, muss man dahingestellt sein lassen, Fischer bemerkt:

»Cäcilia Fischer sagte einmal, sie wüsste sich nie zu erinnern, dass sie Madamm van Beethoven hätte lachen sehen, immer ernsthaft.«

Damit Sie ein bisschen tiefer in die Welt eintauchen können, in der unser Ludwig seine Kindheit und Jugend verbrachte, möchte ich Sie ein wenig an die Hand nehmen und durch Bonn spazieren führen. Die Rheingasse 24 befand sich kurz vor dem Ufer des Stroms, und wenn es Wolkenbrüche gab, rauschte der Regen durch die Gasse, dass es eine Freude war. Sie war ziemlich abschüssig und ist es immer noch. Ging man aber von der Nr. 24 links hoch Richtung Rathaus und bog an der ersten Ecke links ab, durch das heutige Stockentor und noch mal links, da befand sich der alte Zoll (den es immer noch gibt) – und ein besonderer Spielplatz: der Palmengarten. Im Herbst und Winter war dieser für die Bevölkerung geöffnet, weil die Palmen in den Wintergarten mussten. Das war *die* Gelegenheit für alle Bonner *Pänz* (Kinder): Da, wo die Palmen standen, befanden sich nun Sandflächen, auf denen man spielen konnte. Das Beethoven'sche Hausmädchen ging regelmäßig dahin und die Kinder hatten ihre Freude.

Jedes Mal, wenn ich am Alten Zoll bin, muss ich daran denken: Ludwig buddelt mit seiner Löwenmähne im Sand, die beiden Brüderchen spielen neben ihm, die Magd hat ihr Strickzeug dabei, sitzt am Mäuerchen mit jungen Müttern zusammen und dann wird rheinisch dampfgeplaudert, dass es eine Freude ist. Vielleicht hat da unser Ludwig das erste Mal den kleinen klassischen Sprachscherz gehört, der mit der rheinischen »Dass-Das-Schwäche« spielt, wie dat die Sprachpathologen nennen, dass nämlich die Rheinländer »dass« von »das« nicht unterscheiden können und der sich in einen Dialog gekleidet so anhört: Ludwig und das Hausmädchen sind am Palmengarten. Die Beethoven-Jungs spielen, neben ihnen macht ein Mädchen Pipi in den Sand. In der irrigen Annahme, das Mädchen gehöre zu den drei Jungs, fragt eine Mami das Kindermädchen: »Darf dat dat?«, diese bejaht, was den kopfschüttelnden Kommentar zur Folge hat: »Dat dat dat darf?!« Auch das eine mögliche Anregung zur fünften Sinfonie, oder?!

Neben diesen Theorien zur Fünften gibt es noch weitere: Schindler, der »persönliche Referent« Beethovens in seinen letzten Jahren, behauptet zum Beispiel, Beethoven habe dazu gesagt: »So klopft das Schicksal an die Pforte!« Ich sage: Blödsinn.

Ebenso ins Reich des Unsinns sind folgende Entstehungsgeschichten zu verweisen: Beethoven habe auf dem Abort gesessen, als jemand Eintritt geheischt habe, was Beethoven barsch mit dem Satz »Es ist beseeeeeetzt« zurückgewiesen habe – selig, in diesem Moment das Motiv für die Fünfte gefunden zu haben.

Andere erzählen, Beethoven sei wie so oft im Wienerwald spazieren gegangen, da habe er dieses Motiv einen Specht klopfen hören – als ob Spechte auf dem Klöchen säßen und »Es ist beseeeeetzt« hämmerten! Oder ist das die tiefere Bedeutung des Herzchen-Ausschnitts in der Klotür auf dem Hof? Man weiß es nicht und wird es nie erfahren.

Also: *Wo waren wir dran*, wie der Rheinländer sagt? Bei der Mama waren wir dran, und bei ihrem Mann, dem Johann van. Die Mama, so erzählt uns der Bäckermeister Fischer, war – wie bereits erwähnt – eine eher ernsthafte, ruhige Natur. Dies wurde ihr allerdings vom Johann und seiner Liebe zur Flasche nicht leicht gemacht, davon gleich mehr. Sie stellte sich jedenfalls vor ihre Familie, wie es sich für eine verantwortliche Mama gehört. Fischer schreibt:

»Wenn oft durch die Kinder oder durch die Mägde oder den allzu übertriebenen Zulauf oder Unruhe sich der Hauseigentümer Fischer genötigt sah, Madame Beethoven ernsthaft auf die Hausordnung hinzuweisen, war sie sofort jähzornig und widersprechend [›gägensprüchig‹ schrieb Fischer – ist das nicht ein wunderbares altes Wort?]. Wenn dies aber vorüber war und sie nachdachten, kam Madame Beethoven und Herr Beethoven – dies war eine lobenswürdige, schöne Gewohnheit – gleich zu Meister Fischer, gestanden die Fehler ein, da es ja durch die Mägde und Kinder kam, und baten beide Meister Fischer händeringend um Abbitte, und so waren sie beiderseitig befriedigt, alles vergessen, gut gemacht.

Madamm v. Beethoven war eine geschickte Frau, sie konnte für Hohe und Niedrige sehr fein, geschickt, bescheiden Red und Antwort geben, deswegen wurde sie auch sehr geliebt und geachtet. Sie beschäftigte sich mit Nähen und Stricken, sie führten beide eine rechtschaffene friedliche Ehe, sie zahlten alle Vierteljahr ihre Hausmiete und (das) gelieferte Brot auf den Tag und so auch andere.«

In Wahrheit hatte sie mit ihrem Johann allerdings nicht wirklich was zu lachen, was sie dazu brachte, die junge Cäcilia Fischer vor der Ehe zu warnen:

»Madamm v. Beethoven sagte aber zur Jungfer Cäcilia Fischer, wenn sie aber meinen guten Rat annehmen wollen, bleiben sie ledig, so haben sie das wahre, ruhigste, schönste, vergnügteste Leben, wer dies zu schätzen weiß. Denn was ist heiraten, ein wenig Freud aber nachher eine Kette von Leiden, und sie ist noch jung von Jahren. […] Madamm sagte einmal, dass so viele junge Leute, oft aus Leichtsinn, Gleichgültigkeit und unüberlegt sich verheiraten. Wenn manche, von beiderseits Geschlecht, oft wüßten, was ihnen bevor stünde. Würde einer den anderen nicht ansehen. […] Herr Ludwig v. Beethoven hat in seiner Jugendzeit den Rat seiner Mamma mit zugehört, vielleicht (hat das) auf seine

Zukunft mit gewirkt, indem Herr Ludwig v. Beethoven, wie man einmal beschrieben, mit Frauenzimmern Umgang gepflegt habe, sich (aber) doch nicht verehelicht hat oder dass er bei vielen Eheständen den Anfang und auch das Ende gesehen, oder auch eingesehen (hat), dass seine hitzige Eifersucht, (sein) Temperament nicht dazu gepasst habe, vielleicht (auch) den Rat seiner ehemaligen Mamma nicht vergessen, an den er sich oft erinnert habe, so, dass er ledig blieb.«

Na, das ist ja mal eine interessante Theorie zur Ehelosigkeit unseres Hagestolzes! Unser stämmiger Bäckermeister Gottfried Fischer hat zu Beethovens Unbeweibtheit gleich eine Handvoll Vermutungen, besser haben es die Forscher auch nicht gekonnt!

Da gibt es ganze Bibliotheken zu dieser Frage! Ich sage nur: Brief an die unsterbliche Geliebte, den er 1812 schrieb und den er wahrscheinlich als unzustellbar wieder zurückbekam und dann in die Schublade steckte, wo er 1827 nach seinem Tod entdeckt wurde. Und weil kein Name draufstand, rätselte man herum, wer denn die Glückliche war, an die er da geschrieben hatte. Heute vermutet man, dass sie Josephine Brunsvik hieß.

Josephine kam als Kind mit ihrer Familie nach Wien, wurde Schülerin bei Beethoven, der sich – wie die halbe Wiener Männerwelt – in sie verliebte, als sie eine junge Frau war. Ab 1804 – da war »dat Phinchen« (vielleicht hat Beethoven sie in seinen Gedanken ja tatsächlich rheinisch tituliert, wer weiß) 25 – schrieb er ihr glühende

Liebesbriefe und sie antwortete ebenfalls recht enthusiastisch. Kurz: Es war eine große Liebe zwischen den beiden, die aber nicht zu dem führte, was brave Katholiken »die Erfüllung« nennen. Die beiden kamen sich zwar näher – sittlich und keusch, nämlich kurz nachdem sie mit 24 Witwe geworden war –, aber das war es auch schon, obwohl man nicht genau weiß, wie nahe sie einander tatsächlich kamen.

Dass Beethoven die Latte so hoch hängte, wenn es um die Liebe ging (denken Sie nur an die Neunte!), war vielleicht auch sein Verderben, denn: Solche hohen Ideale gehen spätestens flöten, wenn sich die Frage stellt, wer denn den Müll runterbringt.

Damit Sie aber wissen, wovon ich rede, hier der Brief an die unsterbliche Geliebte, einfach mal so. Lesen Sie ihn, als wären Sie, was weiß ich, um die 20 Jahre alt, Sie wissen ja sicher noch, wie Sie damals empfanden, wie Ihnen die Hände feucht wurden, wenn Sie Ihrer Schönen einen Brief schrieben.

Was das ist? Ein Brief?

Ach so, ich vergaß: Brief war etwas, das man mit der Hand geschrieben hat, wenn es um die Liebe ging, ein Brief ist circa 20- bis 50-mal so lang wie eine SMS und ein Millionenfaches schöner.

Lesen Sie ihn also ohne wissenschaftlichen Apparat drumherum, ohne Fußnoten, Ziffern, Sternchen und dann 300 Seiten Kommentare, nein, lesen Sie ihn einfach so, dann erfahren Sie einiges über Beethovens Herz:

Am 6. Juli, morgens.
Mein Engel, mein Alles, mein Ich – nur einige Worte heute, und zwar mit Bleistift – mit Deinem, erst bis morgen ist meine Wohnung sicher bestimmt, welcher nichtswürdige Zeitverderb in d. g. – warum dieser tiefe Gram, wo die Notwendigkeit spricht. – Kann unsre Liebe anders bestehen als durch Aufopferungen, durch nicht alles Verlangen, kannst Du es ändern, daß Du nicht ganz mein, ich nicht ganz Dein bin. – Ach Gott, blicke in die schöne Natur und beruhige Dein Gemüt über das Müssende. – Die Liebe fordert alles und ganz mit recht, so ist es mir mit Dir, Dir mit mir – nur vergißt Du so leicht, daß ich für mich und für Dich leben muß, wären wir ganz vereinigt, Du würdest dieses Schmerzliche ebensowenig als ich empfinden – meine Reise war schrecklich, ich kam erst Morgens 4 Uhr gestern hier an, da es an Pferden mangelte, wählte die Post eine andere Reiseroute, aber welch schrecklicher Weg, auf der letzten Station warnte man mich, bei Nacht zu fahren, machte mich einen Wald fürchten, aber das reizte mich nur, – und ich hatte Unrecht, der Wagen mußte bei dem schrecklichen Wege brechen, grundlos, bloßer Landweg ohne – – solche Postillione, wie ich hatte, wäre ich liegen geblieben unterwegs – Esterhazi hatte auf dem andern gewöhnlichen Wege hierfür dasselbe Schicksal mit acht Pferden, was ich mit vier – jedoch hatte ich zum Teil wieder Vergnügen, wie immer, wenn ich was glücklich überstehe. – Nun geschwind vom Innern zum Äußern, wir werden uns wohl bald sehen, auch heute kann ich Dir meine Bemerkungen nicht mitteilen, welch ich während dieser einigen Tage über mein Leben

*machte – wären unsre Herzen immer dicht aneinander, ich
machte wohl keine d. g. Die Brust ist voll, Dir viel zu sagen –
ach – es gibt Momente, wo ich finde, daß die Sprache noch
gar nichts ist. – Erheitre Dich – bleibe mein treuer einziger
Schatz, mein Alles, wie ich Dir, das übrige müssen die
Götter schicken, was für uns sein muß und sein soll. –
Dein treuer Ludwig.*

*Abends, Montags, am 6. Juli.
Du leidest, Du mein teuerstes Wesen – eben jetzt nehme
ich wahr, daß die Briefe in aller Frühe aufgegeben werden
müssen. Montags – Donnerstags – die einzigen Tage, wo
die Post von hier nach K. geht. – Du leidest – ach, wo ich
bin, bist Du mit mir, mit mir und Dir werde ich machen,
daß ich mit Dir leben kann, welches leben!! so!! ohne Dich –
verfolgt von der Güte des Menschen hier und da, die ich
meine – ebensowenig verdienen zu wollen, als sie verdienen –
Demut des Menschen gegen den Menschen – sie schmerzt
mich – und wenn ich mich im Zusammenhang des Univer-
sums betrachte, was bin ich und was ist der – den man den
Größten nennt – und doch – ist wieder hierin das Gött-
liche des Menschen – ich weine, wenn ich denke, daß Du
erst wahrscheinlich Sonnabends die erste Nachricht von mir
erhältst – wie Du mich auch liebst – stärker liebe ich Dich
doch – doch nie verberge Dich vor mir – gute Nacht – als
Badender muß ich schlafen gehn – ach Gott – so nah! so
weit! ist es nicht ein wahres Himmelsgebäude, unsre Liebe,
aber auch so fest, wie die Feste des Himmels. –*

Guten Morgen am 7. Juli.
Schon im Bette drängen sich die Ideen zu Dir, meine Unsterbliche Geliebte, hier und da freudig, dann wieder traurig, vom Schicksale abwartend, ob es uns erhört – leben kann ich entweder nur ganz mit Dir oder gar nicht, ja, ich habe beschlossen, in der Ferne so lange herumzuirren, bis ich in Deine Arme fliegen kann, und mich ganz heimatlich bei Dir nennen kann, meine Seele von Dir umgeben ins Reich der Geister schicken kann – ja leider muß es sein, Du wirst Dich fassen um so mehr, da Du meine Treue gegen Dich kennst, nie eine andre kann mein Herz besitzen, nie – nie – o Gott, warum sich entfernen müssen, was man so liebt, und doch ist mein Leben in W., so wie jetzt, ein kümmerliches Leben. – Deine Liebe macht mich zum glücklichsten und unglücklichsten zugleich – in meinen Jahren jetzt bedürfte ich einiger Einförmigkeit, Gleichheit des Lebens – kann diese bei unserm Verhältnisse bestehn? – Engel, eben erfahre ich, daß die Post alle Tage abgeht – und ich muß daher schließen, damit Du den B. gleich erhältst – sei ruhig, nur durch ruhiges Beschauen unsres Daseins können wir unsern Zweck, zusammen zu leben, erreichen – sei ruhig – liebe mich – heute – gestern – welche Sehnsucht mit Tränen nach Dir – Dir – Dir, mein Leben – mein Alles – leb wohl – o liebe mich fort. – Verkenne nie das treuste Herz Deines Geliebten
ewig Dein
ewig mein
ewig uns.

Natürlich wäre eine SMS oder WhatsApp-Nachricht schneller geschrieben gewesen und hätte ihr Ziel schneller erreicht, aber wir hätten dann keine Träume. Da wäre auf dem Display nur zu lesen gewesen: »eDemeu hdl dtL«.

Josephine hätte wahrscheinlich gewusst, dass er sich kurz fassen musste, weil der Akku gleich leer ist. Und Sie können nun raten, was mit »eDemeu« gemeint sein könnte, ein Rätsel, das Sie sicher schneller lösen können als die Wissenschaftler die Frage nach der Adressatin dieses Briefes. Nein? Sie sind schon was älter und kennen sich in der SMS-Grammatik nicht so aus? Also gut: »eDemeu hdl dtL« heißt natürlich »ewig Dein ewig mein ewig uns hab dich lieb dein treuer Ludwig« und fertig.

Aber, jetzt mal Hand aufs Herz, die Damen: Würden Sie sich nicht in Grund und Boden freuen, wenn solche Zeilen von so einem Oberpromi an Sie gerichtet worden wären? Gut, der Brief ist ein bisschen exaltiert im Stil, mag ja sein, aber er ist doch vom Niveau her Lichtjahre höher anzusiedeln als der legendäre Spruch eines Bewohners des Container-Fernsehens, der da sagte: »Ich habe Menschenkenntnis, da schreist Du Sch…!« und damit der neudeutschen Prol-Grammatik ein Denkmal setzte.

Doch zurück zu Mama und Papa van Beethoven.

Papa war Tenor beim Kurfürsten und Weinhändler, wie sein Vater. Er kann als Tenor nicht wirklich der große Könner gewesen sein, denn immer wieder gestellte Gesuche um Gehaltserhöhung wurden negativ beschieden. So war es um den Haushalt nicht gerade üppig bestellt. Als Johann das Geschäft seines Vaters übernahm, stellte er bei Durchsicht der Bücher fest, dass es viele Außenstände gab. Weinbauern, die einen Vorschuss erhalten hatten, aber keinen Wein lieferten, Bauern, denen der Opa Geld geliehen hatte und die nichts zurückzahlen wollten et cetera et cetera. Johann versuchte die Außenstände einzutreiben, aber dafür war er wohl nicht die richtige Person. Erfolglos kam er von diesen Touren zurück und klagte, dass sein Vater ein zu gutes Herz gehabt habe, das viele ausgenutzt hätten. Sie seien mit Butter oder gutem Käse bei ihm aufgetaucht und er habe ihnen dann Geld geliehen. Jetzt aber, wo sein Sohn es zurückwollte, hätten sie gesagt, er solle ihnen ihre Unterschrift zeigen, sie seien ihm nichts schuldig, darauf könnten sie ihm einen Eid leisten. Und weil er keine Unterschrift habe nachweisen können, sei er leer ausgegangen.

Das war also schon mal dumm gelaufen. Doch Johann van Beethoven schaffte es nicht nur nicht, die Haushaltskasse der Familie wieder zu füllen, sondern er riss außerdem noch ein neues riesiges Loch hinein, denn Johann machte den weiteren Fehler, dass er – um vielleicht doch noch an eine Kapellmeisterstelle zu kommen wie sein Vater – dem Minister Belderbusch die kostbarsten Schätzchen aus dem Erbe seines Vaters schenkte, um die Gunst des Ministers zu erhalten.

Und als wäre das alles nicht genug, entpuppte sich

Johann als sein eigener bester Kunde. Gottfried Fischer lässt einen Wirt erzählen:

»Gewöhnlich wenn es im Sommer heiße Tage gab, kam Herr Johann van Beethoven zu uns und sagte Christian, zapf mir eine Flasche Wein und eine Flasche frisches Brunnenwasser, da trank er ein Glas Wein dann ein Glas Wasser dann ging er durch Haus und durch den Hof auf und ab bis beide Flaschen geleert waren … Zufällig sah Madamme v. Beethoven zu ihrem Fenster heraus und sah ihn. Da sagte sie, das ist doch eine kommode Sache, wenn man eine Weinschänke neben dem Haus hat. Er sagt Ja! Meine Liebe, es ist auch eine kommode Sache, wenn man den Mann zu rufen hat und er ist nahebei. Verzeihen Sie! Es ist ja so heisse Witterung, ich hatte viel Durst. Sie sagt, das geb ich zu, aber es ist auch oft Durst ohne Sommerhitze. Sie haben recht, das gebe ich Ihr auch zu. Sie sagt, es ist bald Zeit zum Essen. Sei unbesorgt, ich komme gleich.«

Johann hatte aber auch seine guten Seiten, was seine Frau anging. Zum Beispiel wenn man bei Fischer liest, wie er ihren Namenstag gefeiert hat:

»Alljährlich wurden am Magdalena-Tag Geburts- und Namenstag herrlich gefeiert. Dann wurden aus dem Orchesterraum die Notenpulte herbeigebracht und in beide Zimmer nach der Strasse links und rechts hingestellt. Wo der Großvater Herr Hofkapellmeister Ludwig v. Beethoven im Porträt da hing, wurden schöne Verzierungen und Blumen, Lorbeerbäumchen und Laubwerk verfertigt. Am Vorabend wurde Madamme v. Beethoven beizeiten gebeten, schlafen zu gehen, bis 10 Uhr war alles in großer Stille herbei gekommen und alles bereit gemacht. Nun wurde gestimmt, Madamm v. Beethoven wurde aufgeweckt, musste sich anziehen, und nun wurde sie unter dem Baldachin auf einen schönen verzierten Sessel gesetzt. Nun fing eine herrliche Musik an, die in die ganze Nachbarschaft schallte, alles, was sich zum Schlafen eingerichtet hatte, wurde nun wieder munter und heiter gemacht. Nachdem die Musik geendet, wurde aufgetischt und gegessen und getrunken und wenn die Köpfe was toll wurden, hatten sie Lust zu tanzen. Um im Haus keinen Tumult zu machen, wurden die Schuhe ausgezogen und auf bloßen Strümpfen getanzt.«

Was will man da sagen? Die Ehe der Eltern von unserem Ludwig war offenbar eine ganz normale Ehe, Ludwig hat aber stärker an der Mama gehangen als am Papa. Ich meine: kein Wunder. Insbesondere nach dem Tod der Mama 1787 glitt dem Papa das Leben aus den Händen. Drei Buben, halbwüchsig, ein Haushalt, der aus dem Ruder lief, klar, dass er immer mehr ins Glas schaute. Für die drei Buben war das kein leichter Zustand. Da der Herr Papa, wenn er breit war, zu lautstarkem Singen neigte, kam es mehrmals zu Auseinandersetzungen mit der Polizei. Es drohte die Verhaftung, was natürlich ein kleiner bönnscher Skandal gewesen wäre. Also machten die Buben die Runde durch die Kneipen und wenn sie ihn gefunden hatten, so erzählt Fischer, schmeichelten sie ihm: »O Papachen, o Papachen« und versuchten ihn, nach Hause zu bringen, was wohl auch meistens gelang. Da hatte Ludwig als der Älteste der drei wohl einiges zu tun.

Der 17-jährige Beethoven hat seiner Mutter ein großes Denkmal gesetzt. Er schreibt an den Augsburger Rat Joseph Wilhelm von Schaden Folgendes:

»… ich muss ihnen bekennen, dass, seitdem ich von Augsburg hinweg bin, meine Freude und mit ihr meine Gesundheit begann aufzuhören; je näher ich meiner Vaterstadt kam, je mehr Briefe erhielt ich von meinem Vater, geschwinder zu reisen als gewöhnlich, da meine Mutter nicht in günstigen Gesundheitsumständen wär. Ich eilte also so sehr ich vermochte, da ich doch selbst unpässlich wurde; das Verlangen, meine kranke Mutter noch einmal sehen zu können, setzte alle Hindernisse bei mir hinweg und half mir, die größten Beschwernisse überwinden. Ich traf meine Mutter noch an, – aber in den elendesten Gesundheitsumständen; sie hatte die Schwindsucht und starb endlich ungefähr vor sieben Wochen nach vielen überstandenen Schmerzen und Leiden. Sie war mir eine so gute liebenswürdige Mutter, meine beste Freundin«.

Und dieser letzte Satz steht auch auf dem Grabstein der Mama. Das Grab war 1826 neu verkauft worden, 1932 hat man glücklicherweise entdeckt, dass dies das Grab der Mama vom Ludwig war.

Unser Ludwig spielte also in Bonn am Rheinufer und im Herbst und Winter am Alten Zoll, als kleines Kind krähte er wie alle Kinder vor Vergnügen, wenn ihn die Magd huckepack trug – und als er ein bisschen älter war, war er ein richtiger kleiner Racker. Bekannt geworden ist die Geschichte mit den Eiern. Fischer erzählt:

»Die Hausfrau Fischer hatte in der Zeit Hühner, sie beklagt sich, sie sagt, ich füttere gut, bekomme sonst viele Eier und jetzt wenig Eier, sie hat aufpassen lassen, konnte keinen finden, bis zufälligerweise, da sie an nichts dachte, sie auf den Hof kommt und sah, dass sich Ludwig van Beethoven am Gegitter in das Hühnerhaus einschlich.

Frau Fischer sagte: Ha! Ha! Ludwig was machst du da, er sagt, mein Bruder Caspar hat mir mein Taschentuch da rein geworfen, das wollt ich wieder heraus holen. Frau Fischer sagt: Ja! Ja! Das mag wohl sein, dass ich so wenig Eier bekomme. Ludwig sagt, O, Frau Fischer, die Hühner verlegen oft die Eier, wenn sie sie dann mal wieder finden, dann freuen sie sich um so mehr. Es gebe aber auch Füchse, wie man sagt, die holen auch die Eier. Frau Fischer sagt, ich glaube, du bist auch eine von den schlauen Fückx, was wird aus dir noch werden? Ludwig sagt, O, das weiß der Himmel, nach Ihrer Aussage bin ich noch bis dato ein Notenfuchs.

Da sagt Frau Fischer: Ja, auch ein Eierfuchs. Da liefen die beiden wie die Schelmen fort und lachten, Frau Fischer musste auch mitlachen und konnte sie als Bubenstreich weiter nicht mehr beschuldigen.«

Ha! Unser Ludwig: ein Eierdieb! Hätte auch keiner gedacht, der die hehren Töne der Neunten im Kopf hat.

Andererseits: Ist das nicht wunderbar, dass dieser ernste Titan, der mit zunehmender Schwerhörigkeit immer missmutiger und griesgrämiger wurde, so eine heitere, normale Kindheit hatte? Wer weiß, wie er geworden wäre, wenn er nicht schwerhörig bzw. taub gewesen wäre. Ich bin fest davon überzeugt, dass diese fröhliche rheinische Kindheit ein Kapital war, von dem er sein Leben lang zehren konnte.

Außerdem: Er wurde gut umsorgt. Von Mägden und von der Schwester unseres Gottfried Fischer, der Cäcilie. Die Beethovens hatten zu Ludwigs Zeiten vier Mägde: Kristina aus Rheinbach, Margreta aus Meckenheim, Maria Katharina aus Koblenz und Gertraud Kutz aus Bonn.

Ich schreibe die Namen hier auf, weil im rheinischen Teil der Leserschaft vielleicht jemand dabei ist, in dessen Familienchronik davon erzählt wird, dass eine Urururgroßtante mal bei Beethovens geputzt, gekocht oder babygesittet habe (was für ein Wort, oder? Die gesitteten Babys, da ist die Welt doch gleich wieder in Ordnung!). Falls das so ist, mailen Sie mir: k.beikircher@netcologne.de. Ich setze mich sofort mit dem Beethovenhaus in Verbindung, ich meine: wäre doch toll!

Natürlich ging mit den Mägden auch schon mal was schief, wie Fischer in einer Geschichte über Herrn »Mummbaur« (auf dem Grab steht allerdings Franz Josef Mompour, wie Margot Wetzstein herausgefunden hat), dem Klavierstimmer der Beethovens, erzählt:

»… Herr Mummbaur, ein lediger, schöner junger Mensch. Beethovens Magd Maria Katharina, auch ein schönes junges Frauenzimmer, wurde oft geschickt, den Herrn Mummbaur zu bestellen, um Beethovens Klavier zu stimmen. Die Magd wurde dadurch etwas verliebt in Mummbaur [das nenne ich mal eine köstliche Liebestheorie: durch das Geschickt-Werden wurde sie verliebt …]; die anderen Musikusse, die bei Beethoven oft waren, starrten die Magd um so mehr an und sagten: Maria Katharina, Herr Mummbaur, ein lediger, schöner Mann, du musst dir den auf die Seite machen, so wirst du eine schöne Musiks-Madamm, bekommst schöne Kleider, dann wirst du eine schöne Madamm. Das war für die Beethovens nachteilig, sie blieb oft bei Herrn Mummbaur über die Zeit aus, dass die Beethovens sehr verdrießlich wurden. Einmal waren die Beethovens alle ausgegangen, nur Ludwig v. Beethoven war in seinem Zimmer allein, spielte oder er komponierte, die besagte Magd war Herrn Mummbaur zu bestellen, sein Klavier zu stimmen. Die Magd hat in der Küche einen Braten aufs Feuer gesetzt, sie putzte sich in einer Geschwindigkeit was auf, was sie jedes mal tat, wenn sie am Abend von Madamm v. Beethoven ohne deren Wissen ein Kleid oder einen dünnen Mantel erreichen konnte, und schminkte sich. Jetzt hat die Magd Herrn Ludwig gebeten, er möge noch auf den Braten in der Küche acht geben. Vielleicht hat Herr Ludwig in seiner Arbeit das nicht verstanden, nicht beachtet, oder nicht verstehen wollen. Die Magd läuft eilends fort zu Herrn Mummbaur bleibt eine Zeit lang aus, nach der Zeit riecht es so verbrannt, Herr Ludwig achtet erst nicht drauf, bis es so weit kam, dass er vielleicht dachte, es ist hier nicht zum ausmachen, was mag doch sein, er geht in die Küche, sieht nach, ist der Braten verbrannt. Er denkt, was wird das geben, er läuft herunter zu Cäcilia Fischer, sagt, das dumme jecke Mensch ist wieder zum Herrn Mummbaur, bleibt eine Ewigkeit aus und ich wußte von keinem Braten, ist ganz verbrannt, Cäcilia Fischer komm doch geschwind herauf und sieh mal nach. Cäcilia läuft geschwind herauf und will den Topf geschwind absetzen und verbrennt sich die Hand. Ludwig sagte, nun ist das zweite Schicksal auch da durch das jecke Mensch, ich will dir was Tinte drauf tun, das ist sehr gut, aber was ist hier für Rat. Cäcilia sagt, geschwind ein anderer Topf und andere Butter, schneidet das Verbrannte sauber ab und setzt es wieder auf.«

Geschichten aus dem Alltag der Familie eines Hoftenors des 18. Jahrhunderts, die sich nicht sehr unterscheiden von heutigen Familiengeschichten.

Außerdem gab es die eine oder andere Kinderkrankheit, zum Beispiel war Ludwig Bettnässer. Das trat damals häufig auf und da hätte wahrscheinlich etwas geholfen, was auch heute noch helfen soll: eine Wallfahrt nach Veitshöchheim in Unterfranken. Man war schließlich rheinisch-katholisch, und da gibt es nun mal bis heute ganz andere Behandlungsmöglichkeiten.

In Veitshöchheim befindet sich nämlich eine Reliquie vom Heiligen Vitus und der ist zuständig für vieles, unter anderem auch für Enuresis nocturna bzw Inkontinenz. Natürlich wusste Magdalena van Beethoven um diese Dinge, allerdings war an eine Fahrt so weit ins Fränkische hinein damals nicht zu denken, nicht nur aus politischen Gründen (du musstest da ja durch zig Fürstentümer, Herzogtümer und Königreiche, das war schon sehr aufwendig. Und eine einheitliche Währung gab es auch nicht – obwohl: Wenn man eh kein Geld hat, spielt das dann auch keine Rolle mehr), sondern vor allen Dingen aus finanziellen Gründen.

Also musste sie sich bei der Behandlung ihres Sohns wohl mit Tee helfen (es gab ja damals noch nicht mal Prostagutt), vielleicht mit Kürbiskernen, wer weiß, jedenfalls: Es hat wohl geholfen. Beethoven fiel später in Wien zwar dadurch auf, dass es nachts immer wieder in die jeweils darunterliegenden Wohnungen tropfte, das hatte aber andere Ursachen, ich komme darauf zurück.

Noch ein Wort zur »Reliquien-Therapie«: Die moderne Medizin kommt ja immer mehr darauf, dass Placebo-Medikamente ein gewaltiger Genesungsfaktor sein können. Wer als Inkontinenter wirklich überzeugt an die Heilkraft des Unterarms vom Hl. Vitus glaubt, der wird durch die Berührung geheilt und geht trocken aus der Kirche. Ich meine: das ist doch was, oder?! Der Placebo-Effekt ist inzwischen wissenschaftlich erwiesen und nur weil es in »unserem« Fall eine Reliquie ist, soll das lächerlich und Aberglauben sein? Also ich weiß ja nicht …

II.

Die Ausbildung und der Sprung nach Wien

Natürlich spielte der Musikunterricht im Leben des kleinen Ludwig die wichtigste Rolle. Der Papa war der erste Lehrer. Streng war er und erlaubte seinem Sohn nicht, auch mal zu »phantasieren«, wie man damals das freie Improvisieren nannte. Er solle sich brav an die Noten halten, hieß es. Nachts aber, wenn der Papa mit Freunden besoffen nach Hause kam, führte er den kleinen »Wunderknaben« ganz gern vor. Er weckte ihn und ließ ihn vorspielen. Na gut, es gibt Schlimmeres, aber schön ist das nicht wirklich.

Jedenfalls ließ sich das Talent vom Kleinen nicht mehr bremsen, es trat zutage, und da witterte Johann Morgenluft. Wie, fragte er sich, wäre es, wenn man aus dem kleinen Ludwig ein Wunderkind machte? So à la Mozart vielleicht? Gut, Ludwig war da schon was älter, aber am Alter konnte man damals noch drehen. Also organisierte ›Papa Jackson‹ am 26. März 1778 in Köln ein Konzert, zu dem er folgendes Plakat, na ja, folgende Ankündigung drucken ließ:

AVERTISSEMENT

Heut dato den 26. Martii 1778, wird auf dem musikalischen Akademiesaal in der Sternengass der Churkölni-

sche Hoftenorist Beethoven die Ehre haben zwei seiner Scholaren zu produciren; nämlich Mdlle. Averdone Hofaltistin und sein Söhngen von 6 Jahren [!!!!! Der Kleine war da nämlich 7½ Jahre alt]. Erstere wird mit verschiedenen schönen Arien, letzterer mit verschiedenen Clavier Concerten und Trios die Ehre haben aufzuwarten, wo er allen hohen Herrschaften ein völliges Vergnügen zu leisten sich schmeichlet, um je mehr da beide zum größten Vergnügen des ganzen Hofes zu hören sich lassen die Gnade gehabt haben.
Der Anfang ist Abends um 5 Uhr.
Die nicht abonnirte Herren und Damen zahlen einen Gulden.
Die Billets sind auf ersagtem musikalischen Akademiesaal, auch bey Hrn. Claren auf der Bach im Mühlenstein zu haben.

Es klappte zwar nicht wirklich, den Kleinen als Wunderknaben zu präsentieren, aber der Papa organisierte doch eine Reihe Konzerte und eine kleine Tournee. Unser Ludwig spielte vor allem in der Umgebung von Bonn: in Ahrweiler, in Adendorf, im rechtsrheinischen Unkel, in Bensberg im Schloss, in Siegburg. Aber der Traum des Vaters, seinen Sohn wie Mozart auf Wunderkind-Europa-Tour zu schicken, ließ sich nicht realisieren. Vielleicht stellte sich auch der kleine Ludwig quer, was ihm durchaus zuzutrauen gewesen wäre.

Der Herr Papa sah in seinem Sohn jedenfalls einen gut verkäuflichen Markenartikel und konzentrierte sich deshalb auf dessen musikalische Ausbildung. In anderen Bereichen ließ er den Kleinen nur das Allernötigste lernen, er schickte ihn nur in die Elementarschule und das war, bildungstechnisch gesehen, eine einzige Katastrophe. Kein Wunder, dass Beethoven sein Leben lang stolz darauf war, sich alles, was er wusste, selbst erarbeitet und erlesen zu haben.

Deshalb wollte er ja bei seinem Ableben noch mal eine gute Figur mit Latein machen. Weil es damals extrem angesagt war, dass Promis grandiose »letzte Worte« hinterließen (Goethes geheimnisvolles »Mehr Licht« ist ja heute noch legendär und keiner weiß, was wirklich damit gemeint war: mehr Licht, weil's dunkel war? Oder: Mer liecht hier arg hart?), hatte natürlich auch Beethoven sich etwas zurechtgelegt. Und zwar ein Zitat aus einer Komödie des römischen Dichter Plautus: »Plaudite amici, comoedia finita est – applaudiert, Freunde, die Komödie ist zu Ende«, womit er beweisen wollte, wie gebildet er war.

Am Tage seines Todes nun lag er da, gegen Mittag dämmerte er ein bisschen vor sich hin, seine Freunde standen um ihn herum, da geht die Tür auf und Hofrat Breuning, Beethovens bester Jugendfreund in Bonn, bringt einen Karton herein, der gerade angekommen war. Es war ein Karton mit ein paar Flaschen Wein, die Beethoven bei seinem Mainzer Verleger Schott vor Wochen bestellt hatte: Rheinwein. Beethoven schaut drauf, freut sich – er war ja Weinkenner und begnadeter Weintrinker – und haucht seine letzten Worte: »Schade ... schade ... zu spät!«

Und dann war kein Platz und kein Atem mehr für Plautus.

Beethovens Schulbildung, na ja, das kann man im Grunde gar nicht so nennen. Es gibt dafür eine bemerkenswerte Quelle, nämlich die Erinnerungen des Cellisten Bernhard Mäurer, Mitglied der Hofkapelle von 1777 bis 1780, der sich an Folgendes erinnert:

»Im Jahre 1780 lernte er [Beethoven] Zambona kennen, welcher einige Jahre älter war und ihn darauf aufmerksam machte, dass er außer Musik nichts verstehe, was zum geselligen Leben gehöre, deshalb sei er so verdrießlich unter anderen Menschen, könne nicht mitsprechen und ziehe sich zurück, dass man ihn für einen Misanthropen halte. Louis [also Ludwig] gestand betroffen zu, dass seine Erziehung sehr vernachlässigt sei, aber in eine Pfarrschule könne er doch nicht zurückkehren. Zambona unterrichtete ihn nun täglich, zuerst in den sogenannten Rudimenten, Auszug der lateinischen Grammatik ... Dann trieb er mit ihm Logik ... und etwas Französisch und Italienisch, bis er Bonn verlassen musste, um als Buchführer bei Bertoldi in Mülheim einzutreten.«

Ist diese mangelnde Bildung vielleicht eine Erklärung für Beethovens oft etwas verdrießlichen Umgang mit seinen Mitmenschen? Hat er sich in einer geheimen Ecke seiner Persönlichkeit in diesem unglaublich weltläufigen Wien als kleiner Provinzler gefühlt, dem es an Schliff und Bildung mangelt? Immerhin: Er hat sich selbst geholfen, er hat sich am eigenen Schopf aus dieser Provinz-

Falle mangelnder Bildung und fehlenden Schliffs befreit. 1809 schrieb er an seine Verleger Breitkopf & Härtel in Leipzig zu diesem Thema sehr selbstbewusst und stolz:

»… noch eins: Es gibt keine Abhandlung die so bald zu gelehrt für mich wäre, ohne auch im mindesten Anspruch auf eigentliche Gelehrsamkeit zu machen, habe ich mich doch bestrebt von Kindheit an, den Sinn der bessern und weisen jedes Zeitalters zu fassen, Schande für einen Künstler, der es nicht für Schuldigkeit hält, es hierin wenigstens so weit zu bringen …«

Franz Gerhard Wegeler, Arzt aus Koblenz und einer von Beethovens engsten lebenslangen Freunden, schreibt zu diesem Thema die vielleicht besten Zeilen:

»Beethovens Erziehung war weder auffallend vernachlässigt noch besonders gut. Lesen, Schreiben, Rechnen und etwas Latein lernte er in einer öffentlichen Schule, in welcher der jetzige Präsident des Landgerichts zu Koblenz, Herr Wurzer, sein Mitschüler war; Musik, zu der ihn sein Vater ununterbrochen und streng anhielt, zu Hause. Hier hatte man sich, außer dem Gehalt des Vaters, keines Erwerbszweiges zu erfreuen, mithin fand überall Beschränkung statt. Daher die Strenge des geistig und sittlich wenig ausgezeichneten Vaters, um sich in dem ältesten Sohne bald eine Hilfe zur Erziehung der übrigen zu bilden.

Die erste Bekanntschaft mit deutscher Literatur, vorzüglich mit Dichtern, sowie seine erste Bildung für das gesellschaftliche Leben erhielt Ludwig in der Mitte der Familie von Breuning in Bonn. Da diese Familie in der Zukunft noch mehrmals erwähnt werden wird, so dürfte es hier am Orte sein, Folgendes über dieselbe und über das Verhältnis Beethovens zu ihr anzuführen.

Es bestand diese Familie aus der Mutter, Witwe des Kurkölnischen Hofrats von Breuning [der beim Schlossbrand umkam], aus drei Söhnen von Beethovens Alter und einer Tochter. Der jüngste Sohn erhielt, so wie die Tochter, von Beethoven Unterricht, und war schon ein ausgezeichneter Klavierspieler, als er nach beendigten ärztlichen Studien 1798 verstarb. Der zweite, Stephan von Breuning, war der bis zu Beethovens Tode treu an diesem hängende, und nur zu bald nach ihm verstorbene Kaiserl. Königl. Hofrat in Wien. Der dritte, Christoph von Breuning, ist Geheimer Revisions- und Cassationsrat in Berlin. Die Tochter Eleonora von Breuning, welcher Beethoven die Variationen Nr. 1 dedizierte, ist die Ehefrau des Verfassers gegenwärtiger Beiträge.

In diesem Hause herrschte, bei allem jugendlichen Mutwillen, ein ungezwungener, gebildeter Ton. Christoph von Breuning versuchte sich früh in kleinen Gedichten, was bei Stephan von Breuning viel später, aber nicht ohne Glück geschah. Hausfreunde zeichneten sich durch gesellige Unterhaltung aus, welche das Nützliche mit dem Angenehmen verband.

Setzen wir noch hinzu, dass in diesem Hause, besonders vor dem Kriege, ein ziemlicher Wohlstand herrschte, so begreift sich leicht, dass bei Beethoven sich hier die ersten fröhlichen Ausbrüche der Jugend entwickelten.

Beethoven wurde bald als Kind des Hauses behandelt; er brachte nicht nur den größten Teil des Tages sondern selbst manche Nacht dort zu. Hier fühlte er sich frei, hier bewegte er sich mit Leichtigkeit, alles wirkte zusammen um ihn heiter zu stimmen und seinen Geist zu entwickeln. ... Die noch bei mir lebende, am 3. Januar 1750 geborene Mutter von Breuning besaß die größte Gewalt über den oft störrischen, unfreundlichen Jüngling.«

Neben dem Schul- und Musikunterricht gab es für unseren Ludwig als Kind eigentlich keine großen Abwechslungen – wobei ich den Musikunterricht bei einer Reihe von Lehrern ausnehme, weil es in diesem Büchlein ja mehr um seinen Alltag jenseits der Musik geht und darum, was sich um den großen Komponisten für Anekdoten ranken.

Natürlich ist klar, dass der kleine Ludwig in Bonn immer bekannter wurde und das hatte Folgen. Fischer erzählt:

»Dass Herr Ludwig v. Beethoven von Tag zu Tag in der Musik und Commponieren so zu nahm und an die fremden Herren seine Commponierung verkaufte, muss (er) dadurch weit und breit berühmt geworden sein, dass diejenigen, die ihn besucht hatten, an andere berichteten, dass dieser, ein noch so kleiner Junge, bereits als Commponist auftrete, dass dadurch so viele Musikliebhaber von weit entlegener Fremde kamen, die ihn aus Neugier besuchten ... Es kamen auch Fremde, die verlangten von Herrn Ludwig v. Beethoven, sie möchten ihn gern in einem kleinen Concert spielen hören, dann ließ Herr Joh. v.Beethoven, wenn es möglich war, Musiker bestellen, und auf seinem Zimmer veranstalten, die Herren werden ihm das aber gut bezahlt haben, wissen wir nicht. Meister Fischer, der die Unruhe der Fremden mit aus und eingehen eingesehen, immer stärker wurde, sagt zu Herrn Joh. v.Beethoven, wär ich kein Bäcker, dann ging mich die ganze Unruhe der Fremden nichts an, man hat die Nacht zur Ruh, aber da ich Bäcker bin, nachts ein Uhr aufstehe und backe und am Tag nachmittags von ein bis vier Uhr ausschlafe, aber wegen der Unruhe kann man gar nicht schlafen. Das kann ich nicht aushalten, werde noch krank, Herr v. Beethoven, es tut mir leid, es euch zu sagen, sie müssen sich um ein ander Quartier umsehen, Herr v. Beethoven zog im Jahre 1785 aus, blieb in der Rheinstrasse, zog links in das Haus No 939, fünfte Haus an Fischers Haus anstoßend.«

Aus dieser Zeit gibt es noch eine andere kleine Geschichte: Eine Frau Karth erzählte, dass sie in ihrer Kindheit oft gehört hatte, dass jemand – ob ein neidischer Junge oder ein durchgedrehter Erwachsener weiß man nicht – eines Tages ein Messer über Ludwigs Finger zog, um ihn vom Spielen abzuhalten. Wenn das mal nicht der alte Bäckermeister Fischer war, Schlafentzug soll ja sehr aggressiv machen!

Im Ernst: Man stelle sich vor, das hätte funktioniert und Ludwig hätte ein oder zwei Finger eingebüßt. Ein

Klavier ist keine Gitarre und Ludwig war nicht Django Reinhardt, der trotz verkrüppelter linker Hand spielen konnte. Die Klavierkarriere Ludwigs wäre beendet gewesen, bevor sie angefangen hat. Er wäre nicht nach Wien gegangen, wozu auch? Um eine Heurigen-Filiale für seinen Papa aufzumachen? Er wäre also in Bonn geblieben. Er hätte vielleicht komponiert, aber was wäre das in Bonn schon gewesen? Karnevalslieder? Den ein oder anderen Tusch für die Prunksitzungen? Vielleicht die ein oder andere Messe? Gut, für ein Genie, wie er es war, hätte es vielleicht keine Rolle gespielt, Musik geschrieben hätte er trotzdem, aber ob es in der Welt gehört worden wäre? Fragen über Fragen, die alle nicht beantwortet werden können. Also seien wir einfach froh darüber, dass dieser üble Jungenscherz oder dieses neidische Attentat nicht erfolgreich war.

Es gab natürlich auch größere Ereignisse, die damals in Bonn jeden betrafen: das Jahrtausendhochwasser im Winter 1784 zum Beispiel, das Eisschollen bis in das Zentrum trieb (Bonner Knackis mussten sie zerschlagen, wie Margot Wetzstein berichtet). Das Wasser stieg bis zum Münster. Zum Glück nach Aschermittwoch, man hatte also noch Gelegenheit, ausgiebig Karneval feiern zu können, aber danach war SOS angesagt. Auch Familie Beethoven musste ihr Haus verlassen, das Wasser war bis in ihre Etage gestiegen.

Und der Brand der Residenz im Jahre 1777, der fünf Tage lang wütete. Hofrat Emanuel Joseph von Breuning, in dessen Familie Ludwig van Beethoven später aus und ein ging und von der er in Literatur und Kunst eingeführt wurde, versuchte wichtige Akten aus dem brennenden Schloss zu retten, wurde dabei von herabstürzenden Mauerteilen verletzt und starb noch in derselben Nacht. Die Breunings wohnten in Bonn am Münsterplatz, Eleonore Breuning, gut ein Jahr jünger als Beethoven, heiratete später Franz Gerhard Wegeler aus Koblenz, zeitlebens einer der engsten Freunde Beethovens. Beethoven erteilte Klavierunterricht und kam so in die Familie Breuning hinein und in den Genuss einer Bildung, von der er sein Leben lang zehren konnte.

Der Brand sei, so sagten damals die Leute, von Minister von Belderbusch gelegt worden, um Unterschlagungen zu vertuschen. Tatsächlich war dieser Minister – nach dem heute noch in Bonn ein gutes Restaurant benannt ist, sie sollen, wie man hört, ausgezeichnet flambieren – extrem unbeliebt bei den Bonnern, auch wenn Johann van Beethoven ihm Geschenke machte, damit er eine gute Stellung bei Hofe bekäme; so unbeliebt, dass ein Zeitgenosse berichten konnte, dass die erbosten Bauern bei den Löscharbeiten wertvolle venezianische Spiegel des Herrn Minister genüsslich die Leitern runterrutschen ließen und zusahen, wie sie auf dem Boden zerschellten! Diese beiden Ereignisse haben unseren Ludwig sicher beeindruckt, sein Leben geprägt haben sie aber nicht.

Geprägt hat ihn dagegen das Orgelspiel, immerhin wurde er im Juni 1784, also mit 14 Jahren, als Hoforganist angestellt (neben seinem musikalischen Lehrer Christian Gottlob Neefe). Das bedeutete: Es gab ab sofort 100 Taler Gehalt.

Fragen Sie mich nicht, wie viel das genau war. Mehr eine Anerkennungsgebühr als ein sattes Gehalt, so viel ist sicher. Aber wie viel Beethoven für das Geld in den berühmten statistischen Warenkorb hätte tun können, weiß ich nicht, Finanzgeschichte ist ein extrem undurchsichtiges Fachgebiet. Eines ist aber klar: Das war keine Summe, die die Familie Beethoven aus der Bredouille geholt hätte. Er wird sich dafür wahrscheinlich gerade mal die Klamotten holen können, die er bei Auftritten bei Hofe zu tragen hatte. Die Kleiderordnung sah nämlich Folgendes vor:

seegrüner Frackrock
grüne kurze Hose mit Schnalle
weiße oder schwarze seidene Strümpfe
Schuhe mit schwarzen Schlaufen
geblümte Weste aus weißer Seide mit Klapptaschen und
    Rüschen-Spitzen und echter Goldkordel umsetzt
Frisur mit Locken und Haarzöpfen
Klackhut
unterm linken Arm einen Degen mit silberner Koppel,
    ebenfalls auf der linken Seite

Also das war doch schon mal was, oder?!! Unser Ludwig muss klasse ausgesehen haben und die Mädchen waren sicher fertig mit der Welt, wenn er so über den Bonner Markt lief oder auf der Sternstraße auf und ab stolzierte!

Mit Degen am Obelisken vorbei und die Gleichaltrigen mussten zur Arbeit! Da wird er schon den Kopf ein bisschen höher getragen haben!

Vielleicht war das der Grund für eine kleine Kuriosität am Rande, Fischer erzählt sie so:

»Es gab einen Menschen mittlerer Jahre in Bonn namens Stommb. Der früher auch Musik und Komponieren erlernt hat und dadurch, wie man sagt, irre geworden sei, er hatte die Gewohnheit durch die Stadt zu gehen, hatte in seiner rechten Hand einen Taktschläger und in der linken Hand eine Rolle Noten, er redete kein Wort und wenn er, wenn keiner daran dachte, in die Rheinstrasse No 934 ins Unterhaus kam, schlug er mit dem Stock auf den Tisch im Unterhaus und wies oben auf Beethovens Namen, als wolle er zu verstehen geben, dass da auch ein Musiker wäre und schlug dann mit dem Taktschläger auf den Noten den Takt, redete (aber) kein Wort. Ludwig v. Beethoven lacht oft darüber, sagt, da können wir sehen wie es den Musikern ergeht, dieser ist schon durch die Musik irre geworden, wie mag es uns noch ergehen.«

In dieser Zeit begannen auch die Spielereien, die unseren Ludwig auch in Wien berühmt machen sollten. Zum Beispiel die Geschichte, wie er den Abbé Sterkel fertigmachte. Sterkel, damals um die 40 Jahre alt, war in ganz Europa berühmt als virtuoser Pianist und Komponist. Er galt als einer der Besten. Neben der Virtuosität war es besonders sein Stil, der ihn berühmt gemacht hatte: leicht, graziös, gefällig, »etwas damenartig«, wie Papa Ries leicht anzüglich bemerkte (Ries war Komponist und in Bonn einer von Beethovens Lehrern). Der Bonner Verleger Simrock (später hat er einen großen Teil von Beethovens Werken veröffentlicht) nahm Beethoven, den alten Ries und seinen Sohn Ferdinand Ries (engster Freund Beethovens und ein europaweit hochgeschätzter Pianist und Komponist, dessen Vermittlung in London wir Beethovens Neunte verdanken) mit nach Aschaffenburg, um Sterkel dort zu besuchen.

Ich darf an dieser Stelle Alexander Wheelock Thayer zitieren, der trotz seines sehr eigenwilligen Vornamens – wie schon erwähnt – die bedeutendste Beethoven-Biographie geschrieben hat: »Ludwig van Beethovens Leben«. Ich besitze die Ausgabe in fünf Bänden von 1901 und blättere immer wieder darin herum, so schön kann er schreiben und so viel hat er zu sagen. Thayer, der sich sein Leben lang mit Beethoven befasst hat, schreibt:

»Beethoven, der bis dahin (sagt Wegeler) noch keinen großen, ausgezeichneten Klavierspieler gehört hatte, kannte nicht die feinen Nuancierungen in Behandlung des Instruments; sein Spiel war rauh und hart. Nun stand er in der gespanntesten Aufmerksamkeit neben Sterkel; denn diese Anmut und Zartheit, vielleicht auch Fertigkeit der Ausführung, welche er damals hörte, waren eine neue Erscheinung für ihn. Nach dem Schlusse wurde der junge Bonner Konzertspieler eingeladen, seinen Platz am Instrumente zu nehmen; aber natürlich zögerte er, sich selbst zu produzieren nach einer solchen Darstellung; der schlaue Abbé brachte ihn dazu, indem er sich den Schein gab, als bezweifle er seine

Fähigkeit. Ein oder zwei Jahre vorher hatte Kapellmeister Vincenz Righini, Kollege Sterkels im Dienste des Kurfürsten von Mainz, *dodeci Ariette* veröffentlicht, von denen eine, »Venni Amore«, eine Melodie mit 5 Variationen für die Singstimme zu derselben Begleitung war. Beethoven hatte sich diese Melodie als Thema genommen und 24 Variationen für Klavier über dieselbe geschrieben, der Gräfin Hatzfeld gewidmet und herausgegeben. Einige derselben waren sehr schwer, und Sterkel drückte jetzt seinen Zweifel aus, ob ihr Verfasser sie selbst spielen könne. Das ging an seine Ehre; jetzt spielte Beethoven nicht nur diese Variationen, soviel er sich deren erinnerte (Sterkel konnte sie nicht auffinden), sondern gleich noch eine Anzahl anderer nicht weniger schwierigen und dies, zur größten Überraschung der Zuhörer, vollkommen und durchaus in der nämlichen gefälligen Manier, die ihm an Sterkel aufgefallen war.«

Leicht reizbar war unser Ludwig also schon als Jugendlicher. Er wollte nicht als Dorftrottel aus Bonn dastehen, was ihn dazu ansporne, zu zeigen, was in ihm steckte. Später in Wien hat er solche Husarenstückchen immer wieder dargeboten, ein Stück »Hoppla, jetzt komm ich!« steckte immer schon in ihm.

Aber etwas anderes steckte auch in ihm: eine kleine Prise von Prüderie (nicht aus heutiger Sicht, nein, aus damaliger). Vielleicht könnte man in dieser Mini-Anekdote den Kern seiner späteren Probleme mit Frauen sehen, ich betone: vielleicht. Thayer schreibt:

»Nur ein einziges Ereignis erzählte noch der ältere Simrock, welches auch hier eine Stelle finden muß, weil es sich auf Beethoven bezieht und die Strenge seiner Grundsätze in jenen Jahren erkennen läßt. An einem Orte, wo die Gesellschaft zu Mittag aß, stachelten einige der jungen Leute das Aufwartemädchen an, ihre Reize Beethoven gegenüber geltend zu machen. Beethoven nahm ihre Herausforderungen mit zurückweisender Kälte auf, und als sie, von den anderen ermutigt, nicht abließ, verlor er die Geduld und machte ihren Zudringlichkeiten schließlich durch eine Ohrfeige ein Ende.«

Herrje, Ludwig, der hast du's aber gezeigt. Jot, vielleicht warst du grad schlecht drauf, oder du warst grad in die Natur versunken oder es gab weder Fisch noch Kalbfleisch zu essen. Oder – man weiß ja nicht, wo das war – vielleicht warst du grad in Andernach, was in der Zeit eines der dunkelsten Städtchen Deutschlands war, selbst Alexander von Humboldt wollte, als er mit 18 seine Rheinreise machte, nix wie weg aus dem schwarzen Andernach. Mag ja alles sein, aber ein Mädchen schlägt man doch nicht, Ludwig, ich meine: Geht's noch?

Vor allen Dingen aber haben den jungen Komponisten die vier Jahre als Mitglied im Bonner Opernorchester geprägt, wo er an der Bratsche das ganze damals übliche Repertoire rauf- und runternudelte, das schult die Ohren (na gut, in seinem Falle nicht lange), den Blick auf die Architektur von Kompositionen und so lernt man

Musikgeschichte von innen. Eine bessere Schule gibt es nicht! Thayer schreibt zur Plackerei des jungen Beethoven an der Bratsche im Opernorchester:

»Beethovens titanische Gewalt und Größe würde seine Kompositionen unter allen Umständen charakteristisch bezeichnet haben; aber es ist sehr zweifelhaft, ob ohne die Disziplin jener Jahre als Orchestermitglied im kurfürstlichen ›Toxal [Orchesterraum], Kammer und Theater‹ seine Werke so übersprudelnd von Melodien von so unergründlicher Tiefe des Ausdrucks, von so himmlischer Heiterkeit und Ruhe und von so erhabener Schönheit gewesen wären, wie wir sie kennen, und welche ihn in der Erfindung der Melodie als unerreichten Meister erscheinen lassen.«

Gut, es gab später Dieter Bohlen und seine göttlichen Melodiebögen, aber wo der Wheelock recht hat, hat er recht!

Also: Ludwig saß mit seiner »Bratpfanne« (einer der Spitznamen für die Bratsche, so wie »Glücksspirale« für das Horn, oder »Krisenstab« für die Oboe) im Orchester und musste sicherlich jede Menge Bratschenwitze über sich ergehen lassen – die gab es ja immer schon: »Ludwig«, sagt der erste Geiger, »weißt du, warum Bratscher Generalpausen so hassen? – Weil man da das Schnarchen hört!« Tja. irgendwie hat unser Ludwig solchen Klamauk überlebt, aber es hat sicher zwei Dinge bei ihm als Komponist bewirkt:

a) tolerant gegenüber Musikern zu werden
b) das ein oder andere Rachegefühl zu entwickeln

Und genau das hat er später auch einmal ausgelebt. So hat's mir zumindest ein Wiener Historiker erzählt:

»An Heiden-G'spaß hat er g'habt, wenn er Musiker reinlegen konnte, also da hat er's oft direkt drauf angelegt. Bei Proben mit dem Orchester, wissen'S, wenn im dritten Satz dann oft so Taktwechsel kommen, Scherzo eben, net wahr, da hat er zuerst gar nix davon gsagt, hat das Orchester die Noten auflegen lassen und los is gangen. Und die ganze Zeit hat er schon drauf g'spitzt, was passieren wird, wenn der Taktwechsel kommt. Naja, natürlich is genau das passiert, was passieren musste: Bei der ersten scharfen Kurv'n, hat's 's Orchester aussi-gewurf'n, net wahr, da hat er den Taktstock hingschmiss'n vor lauter Lach'n, und hat dann g'sagt: Er hätts gar net anders erwartet, er hätt schon im voraus drauf g'spitzt, und dass er sich narrisch drüber freuen könnt, dass es ihm geglückt is, so bügelfeste Ritter aus dem Sattel zu heben! Naja, Sie können sich ja vorstellen, dass da der aane oder andere Orchestermusiker gar net erbaut war davon. Der Wiener, der is in so Sach'n nämlich sehr empfindlich, müssen'S wissen. Und auch da hat unser verehrter Meister so seine eigene Anschauung g'habt, voller Humor, übrigens, was ja heut keiner mehr denkt, dass er den g'habt hat. Er hat ja gern über die Wiener g'schimpft, Phäaken hat er's g'nannt, also mehr so Lebemenschen ohne Tiefgang, net wahr, aber einmal hat er den Nagel auf den Kopf troff'n. Da hat er nämlich g'sagt: Eigentlich hätte in diesen Zeiten jetzt eine Revolution ausbrechen müssen. Aber ich glaube, solange der Wiener noch braunes Bier und Würstel hat, revoltiert er nicht.«

Ich denke, der Humor, den Beethoven hatte – der immer etwas bärbeißige Humor, kurz, knapp, auf dem Punkt –, ist verwandt mit dem Humor, den Musiker – insbesondere Orchestermusiker – haben. Und den hat er garantiert im elterlichen Haushalt, in dem ja viele Musiker verkehrten, und im berühmten »Truxal«, dem Orchester- oder Stimmraum, gelernt.

Dazu aber kam etwas Großartiges: Das Orchester vom Kurfürsten war keine Bonner Feuerwehrkapelle und mittendrin unser Lockenkopf, nein, das Orchester muss ein erstklassiges Orchester gewesen sein, quasi der würdige Vorläufer des Beethoven-Orchesters-Bonn! Es stand damals in Konkurrenz mit dem legendären Orchester von Mannheim und das will was heißen. (Wie gut es eingeschätzt wurde, können Sie im Anhang lesen.)

Was den Alltag in Bonn angeht, blieb erst mal alles beim Alten. Der 17-jährige Ludwig fuhr zwar 1787 auf Kosten des Kurfürsten nach Wien, um bei Mozart zu studieren, musste aber schon nach zwei Wochen zurück, weil seine Mama im Sterben lag und er natürlich sofort dem Ruf seines Papas folgte. Da war zwar also schon die Ahnung eines Aufbruchs, aber noch wurden die Zelte nicht abgebrochen.

Erst einmal geht es in Bonn weiter: 1789 wird die Bonner Hofoper eröffnet, Ludwig hobelt die Bratsche, dabei hat er gleich im ersten Jahr zeitgenössische Werke von Mozart zu spielen: »Die Entführung aus dem Serail«, »Le nozze di Figaro« und »Don Giovanni«. Da kann mir keiner erzählen, dass Beethoven gelangweilt im Orchestergraben gesessen hat. Er hat da sicher mit Herzblut und Seele mitgespielt, seine Begeisterungsfähigkeit war ja enorm, sein ganzes Leben lang. Papa wurde pensioniert, er hatte Anspruch auf 200 Taler Jahresgehalt, davon wurden 100 Taler Ludwig zugesprochen, damit er für den Lebensunterhalt seiner Brüder sorgen konnte. Damit der Ruf der Familie in der Bonner Öffentlichkeit aber gewahrt werden konnte, erhielt der Papa weiterhin die andere Hälfte seines Jahresgehalts, musste aber auch diese 100 Taler seinem Ludwig abdrücken. So war also klar: Ludwig war der neue Chef der Familie van Beethoven.

Ein Jahr später – Ludwig war 20 Jahre alt – kamen Josef Haydn und sein Manager, der Geiger und Bonner Johann Peter Salomon, nach Bonn. Salomon war der Mann, von dem die C-Dur-Sinfonie von Mozart den Namen »Jupitersinfonie« bekam, und überhaupt ein absolut rühriger Konzertmanager. Er hatte Haydn breitgeschlagen, mit ihm nach London zu fahren, dort warte die Zukunft auf ihn, und so machten die beiden in Bonn, Salomons Heimatstadt, halt. Ich lasse einen Zeitzeugen, Herrn Dies, berichten:

»In der Residenzstadt Bonn wurde er auf mehr als eine Art überrascht. Er traf daselbst an einem Sonnabend [Weihnachten, den 25. Dez.] ein, und bestimmte den folgenden Tag zur Ruhe.

Salomon führte Haydn am Sonntage in die Hofkapelle, eine Messe anzuhören; kaum waren Beyde in die Kirche getreten und hatten sich einen schicklichen Platz gewählt, so nahm das Hochamt seinen Anfang. Die ersten Accorde kündigten ein Werk der haydn'schen Muse an. Unser Haydn hielt es für einen Zufall, der sich so gefällig gegen ihn bezeigte, ihm schmeicheln zu wollen; indessen war es ihm sehr angenehm, sein eigenes Werk mit anzuhören. Gegen das Ende der Messe, näherte sich eine Person und lud ihn ein, sich in das Oratorium zu begeben, woselbst er erwartet würde. Haydn begab sich dahin und war nicht wenig erstaunt, als er sah, daß der Churfürst Maximilian ihn dahin hatte rufen lassen, ihn gleich bey der Hand nahm, und ihn seinen Virtuosen mit den Worten vorstellte: ›da mache ich sie mit ihrem von ihnen so hochgeschätzten Haydn bekannt.‹ Der Churfürst ließ beyden Theilen Zeit, einander kennen zu lernen, und, um Haydn einen überzeugenden Beweis seiner Hochachtung zu geben, lud er ihn an seine Tafel. Haydn kam durch diese unerwartete Einladung in nicht geringe Verlegenheit; denn er und Salomon hatten in ihrer Wohnung ein kleines Diner veranstaltet, es war schon zu spät eine Abänderung zu treffen. Haydn mußte also zu Entschuldigungen seine Zuflucht nehmen, die der Churfürst für gültig annahm. Haydn beurlaubte sich darauf, und begab sich nach seiner Wohnung, woselbst er von einem nicht erwarteten Beweise des Wohlwollens des Churfürsten überrascht wurde; sein kleines Diner war nämlich auf des Churfürsten stille Ordre in ein Großes zu 12 Personen, verwandelt, und die geschicktesten Musiker dazu eingeladen worden.«

Ob wohl der junge Beethoven einer dieser eingeladenen »geschicktesten Musiker« war? Herr Dies weiß es nicht, ich aber: *Natürlich* war Beethoven eingeladen, er war ja schon längst *der* herausragende Musiker in Bonn und alle wären stolz gewesen, ihn Haydn vorstellen zu können.

Zudem konnte Beethoven durch seine Freundschaft mit den Breunings auch zunehmend in der *hühteren* (in der höheren) Bonner Gesellschaft ein und aus gehen, das heißt: Die Wege taten sich langsam auf, er hätte auch in Bonn bleiben können. Aber er wollte mehr. Er wollte nach Wien, um endlich mal vernünftig Musik studieren zu können, bei Haydn, bei Albrechtsberger, kurz: bei den Superstars der damaligen Zeit.

Das war natürlich ein größeres Unternehmen: Scheckkarte und eine Zahnbürste reichten da nicht. Erst mal gab es größere Abschiedsveranstaltungen in Bonn. Außerdem Abschied von den diversen Liebchens, weil: Der »Spagnol« war für die Bonner Damenwelt kein unbeschriebenes Blatt mehr.

Von Lorchen von Breuning, mit der ihn eine lebenslange richtige Freundschaft verband, bekommt er zum Beispiel mit 20 ein Gedicht:

Zu B's Geburtstag von seiner Schülerin

Glück und langes Leben
Wünsch' ich heute Dir,
aber auch daneben
wünsch ich etwas mir!

Mir in Rücksicht Deiner
Wünsch ich Deine Huld,
Dir in Rücksicht meiner
Nachsicht und Geduld.

Von Ihrer Freundin u. Schülerin
Lorchen v. Breuning

Dann gab's da noch eine Sängerin in Bonn, Fräulein v. Westerholt, die der junge Ludwig ziemlich verehrte (möglicherweise sein Leben lang, man weiß es nicht genau), und ein Fräulein Honrath und und und …

Da floss bestimmt so manche Träne die Rheingasse runter in den Rhein, als der Spagnol seine Zelte abbrach, das kann man sich ja vorstellen.

Dann musste die Sache mit dem Reisegeld geklärt werden, die Abschiedsfeten mit den Freunden begangen werden, die gesetzten Essen mit den Gönnern – es war jede Menge zu tun. Vieles davon hat sich im heutigen »Höttchen«, direkt neben dem alten Rathaus von Bonn, abgespielt, das war damals die Kneipe der Babette Koch, wo sich der Freundeskreis, dem auch Ludwig angehörte, immer getroffen hat. Praktisch gelegen, am Markt, von da aus ein paar Gässchen und dann war jeder zu Haus. Das war ein literarisch-musikalisch-geselliger Kreis, so etwas wie das intellektuelle Zentrum des damaligen Bonner Lebens. Später hieß es: Einen interessanteren und gebildeteren Kreis hätte man in Bonn auch zu Zeiten der neu gegründeten Universität nicht finden können (sie wurde 1818 gegründet).

Am 1. November 1792 (die Karnevalssession hatte noch nicht begonnen) traf man sich dort (es war ein Donnerstag), um den 21-jährigen Ludwig van Beethoven nach Wien zu verabschieden. Für diesen Anlass hatte *et Babettche* ein Album, nein, ein Stammbuch zusammengestellt (so nannte man das damals), eine Sammlung von Blättern, auf denen die Freunde ihm ihre Wünsche mitgaben. Da war Harmloses dabei, wie:

Prüfe und wähle.
Dein ewig treuer Richter

Oder:

Nun ziehe hin! Sey bieder stets
und gut und wahr! –
Dann sollst Du mich
Und bräch auch alles dir
Und unsern trauten Krais,
mit offnen Armen, wahrer Liebe
auf deine Rückkunft harren sehn!

Meinem lieben Beethoven zur glücklichen Reise,
von seinem ihn
Liebenden Freunde Joh:Jos:Eichhoff

Manchmal auch die große Kelle:

Bestimmung des Menschen.
Wahrheit erkennen, Schönheit lieben,
Gutes wollen, das Beste tun.
Denk, auch ferne, zuweilen deines wahren aufrichtigen
Freundes Heinr. Struve aus Regensburg.
In Russisch Kaiserl. Diensten

Oder:

Nach der Blüthe der Jugend ernte im reifen Alter die Früchte der Weisheit ein.

Aber man findet auch etwas Keck-Frivoles dazwischen, wie dieses Gedicht an eine der Schönen im Kreise, der Wirtin Babette höchstderoselbst:

Nimm, holde Freundin, ein Geständnis sonder Scherz,
dass ich dich ungetheilt und innigst liebe.
Dein unschuldsvoller Blick, dein sanftes, gutes Herz,
rechtfertigt, adelt, heiligt meine Triebe.
Zwar nennt das Vorurteil der Thoren Sünde,
was ich vor Gott und Weisen rühmlich finde
Doch dort in einem freien Lande,

wo kraftlos sind der Pfaffen Bande,
dort, o Babette, dürfte ich
mein einzigs Liebchen nennen dich.

Das plätschert alles locker, rheinisch und *hätzlich* vor sich hin: bis einer aus einem anderen Kosmos hereinrauscht, Graf Ferdinand Waldstein (ja, ja, genau: der, dem Beethoven die Sonate gewidmet hat!) mit seinem großartigen und geradezu prophetischen Eintrag, den er schon am Dienstag, dem 29.10., geschrieben hatte:

Lieber Beethoven!
Sie reisen itzt nach Wien zur Erfüllung ihrer so lange bestrittenen Wünsche. Mozart's Genius trauert noch und beweinet den Tod seines Zöglinges. Bey dem unerschöpflichen Hayden fand er Zuflucht, aber keine Beschäftigung: durch ihn wünscht er noch einmal mit jemandem vereinigt zu werden. Durch ununterbrochenen Fleiß erhalten Sie: Mozart's Geist aus Haydens Händen.
Ihr warer Freund Waldstein OT

Keine Beethoven-Biographie verzichtet auf diesen letzten Satz!

Graf Ferdinand Waldstein war mit den Breunings befreundet – und der erste wirkliche Förderer und Mäzen Beethovens. Er verschaffte Ludwig beim Kurfürsten das Stipendium für die Reise nach Wien, die er am 2.11., also an einem Freitag, antrat. Das Verhältnis war jahrelang bestens, Beethoven schrieb 1804 die Waldsteinsonate (op 53,2). Später aber ging die Freundschaft auseinander. 1819 gibt es einen Eintrag Beethovens: »Der Graf Waldstein war ja in der Nähe. Lebt er jetzt hier?« Sie sehen: Freundschaft war und ist eine der seltensten Blumen auf unserer Welt!

Natürlich bleibt die Frage: Woher hatte Ludwig die Kohle für die Reise? Vor allen Dingen aber für den Aufenthalt in Wien? Gut, er hatte das Stipendium, aber reichte das?

Da hilft uns der gute alte Christian Gottlob Neefe weiter, der Bonner Lehrer und musikalische Förderer Ludwigs. Er schrieb am 26. Oktober 1793 in der Berliner Musikalischen Zeitung:

»Im November vorigen Jahres reiste Ludwig van Beethoven, zweiter Hoforganist und unstreitig jetzt einer der ersten Clavierspieler auf Kosten unseres Kurfürsten (von Cöln) nach Wien zu Haydn, um sich unter dessen Leitung in der Setzkunst mehr zu vervollkommnen. Da dieser L. v. B., mehreren Nachrichten zufolge, große Fortschritte in der Kunst machen soll und einen Teil seiner Bildung auch Hrn. Neefe in Bonn verdankt, dem er sich schriftlich dafür dankbar geäußert; so mögen, Hrn. N. Bescheidenheit mag dies erlaubt sein lassen, einige Worte hier angeführt stehen, da sie Hrn. B. zur Ehre gereichen: ›Ich danke Ihnen für Ihren Rath, den Sie mir sehr oft bei dem Weiterkommen in meiner göttlichen Kunst ertheilten. Werde ich einst ein großer Mann, so haben auch Sie Theil daran, das wird

Sie um so mehr freuen, da Sie überzeugt sein können u. s. w.‹«

Aber alles in allem war es nicht so einfach, wie es hätte sein können. Erinnern wir uns an eine einfache Tatsache: Just im Jahr 1792 stand »der Franzose« vor der Tür, es war vielen klar, dass das Zeitalter der Kurfürsten zu Ende gehen würde. Das scheint wohl auch dem Kurfürsten und seinen Leuten klar gewesen zu sein, denn ab 1792 ging ziemlich viel drunter und drüber. Thayer schreibt:

»Maximilian hatte damals dem jungen Musiker eine ähnliche Gunst zu erweisen beschlossen, wie sie nicht lange vorher den Malern Kügelgen gewährt worden war. Dies wird bestätigt durch Beethovens Einzeichnung des Empfangs von 25 Dukaten bald nach seiner Ankunft in Wien in dem kleinen vorher erwähnten Notizbuche, und die Äußerung seiner Unzufriedenheit, daß die Summe nicht 100 betrug. Ein Empfangsschein für sein Gehalt von 25 Tlr. für das letzte Quartal dieses Jahres, noch im Düsseldorfer Archiv befindlich, ist datiert vom 22. Oktober und scheint auf den ersten Anblick eine Vorausbezahlung aus besonderer Gunst zu beweisen; aber viele andere in derselben Sammlung zeigen, daß die Zahlungen gewöhnlich um den Anfang des zweiten Monats im Quartal gemacht wurden. Es findet sich noch ein Aktenstück in der Düsseldorfer Sammlung, undatiert, aber offenbar nur ein oder höchstens zwei Jahre nach Beethovens Abreise aufgesetzt, nach welchem wichtige Veränderungen in den Gehältern der kurfürstlichen Musiker gemacht werden sollten; in dieser Liste erscheint

Beethoven nicht unter jenen, die von der Landrentmeisterei bezahlt wurden, sondern er soll aus der Schatulle 600 Gulden erhalten; eine Summe, welche den 100 Dukaten gleichkam, die er vergeblich erwartet hatte. Freilich wurden diese Veränderungen niemals ausgeführt; doch zeigt das Dokument die Absichten des Kurfürsten. Wie sollen wir, mit solchen Tatsachen vor Augen, Beethoven von dem Vorwurfe der Undankbarkeit gegen seinen Wohltäter befreien? Durch den Umstand allein, daß, nach allem, was ersichtlich ist, die guten Absichten des Kurfürsten (ausgenommen eine später zu nennende Gehaltsvermehrung und die Übersendung der 25 Dukaten) niemals ausgeführt wurden, und der junge Musiker, nachdem er seine vierteljährliche Besoldung zwei- oder dreimal erhalten hatte, lediglich auf seine eigenen Hilfsquellen angewiesen war. Maximilians Rechtfertigung liegt in dem ›Meere von Verwirrungen‹, von dem er so bald überwältigt werden sollte.

Daß die 100 Dukaten Beethoven nicht im voraus gegeben wurden, ehe er Bonn verließ, kann man sich leicht erklären. Im Oktober 1792 näherten sich die französischen Revolutionsarmeen dem Rheine. Am 22. rückten sie in Mainz ein; am 24. und 25. wurden die Archive und Kapitalien des Bonner Hofes eingepackt und rheinabwärts weggebracht. Am 31. erreichte der Kurfürst, begleitet vom Fürsten von Neuwied, Cleve auf seiner ersten Flucht aus seiner Residenz. Es war eine Zeit des Schreckens. Alle wichtigeren Städte der Rheingegend, Trier, Koblenz usw., selbst Köln, wurden von den höheren Klassen ihrer Bewohner verlassen. Vielleicht verdankte es Beethoven diesem Umstande, daß er gerade damals die Erlaubnis erhielt, Bonn zu verlassen und nach Wien zu reisen, anstatt daß er auf die Beendigung der bevorstehenden Theater- und Musiksaison hätte warten sollen. Da aber die Schatzkammer nach Düsseldorf gebracht worden war, so mußte er sich mit dem gerade ausreichenden Fonds zur Bestreitung seiner Reise nach Wien und dem Versprechen, daß ihm dorthin mehr solle geschickt werden, begnügen.«

Tja, da war unser Ludwig nun in Wien und ihm dämmerte langsam, dass er von jetzt an aus eigener Kraft sein Leben bestreiten wird müssen. Vielleicht war er froh darüber, kann ja sein, sicherlich hatte er aber auch einen Hals von hier bis Muffendorf, dass er von jetzt an keine kurfürstliche Kohle mehr bekommen würde. Er hat sich jedenfalls im Laufe der Zeit gerächt. Er hat nämlich gelernt, die Fürstlichkeiten zu melken, dass es eine Freude war.

Vielleicht interessiert es Sie, was unser Ludwig auf der Reise von Bonn nach Wien sich in Sachen Finanzen notiert hat. Heute setzen wir uns in den ICE und steigen in Wien aus, wo ist das Problem? Aber damals verlief so eine Reise schon ein bisschen komplizierter – auch finanziell.

Hier eine kleine Kostprobe für die Teilstrecke Koblenz bis Wirges – auch wenn's etwas kryptisch sein mag für heutige Reisende:

Koblenz Bariergeld 30 x
Rothehahnen 24 x
Koblenz nach Montebaur 2 Rthl. Und ½ d
Speergeld für Koblenz 48 x
Trinkgeld weil der Kerl uns mit Gefahr Prügel zu bekommen mitten durch die h e s s i s c h e Armee führte und wie ein Teufel fuhr: einen kleinen Thaler
Zu Mittag gegessen 2 Gldn.
Post von Montebauer auf Limburg 3 Gldn. 57 x
10 x weggeld
15 x —
Abendessen 2 Gulden
in Limburg 12 Batzen
Trinkgeld 14 x
Schmiergeld 14 x
Trinkgeld für Postillon 1 Gulden
Das nemliche Kost und Trinkgeld nebst 12 x Weggeld zu Wirges

Also Wien! Da läuft nun der Musiker aus Bonn mit dem Brandzeichen der Provinzialität auf der Stirn herum – viele Wiener werden ihn erst einmal so gesehen haben, zumal sie ja nix von dem verstanden, was er sagte! Stellen Sie sich vor: Unser Ludwig geht morgens früh in eine Bäckerei und sagt barsch-bönnsch: »Schätte jään zwei Röggelche!«

»Bitte was gewunschen?«

»Zwei Röggelche!«

Bis sich da herausstellt, dass er zwei Semmeln meint, könnte er glatt verhungert sein!

Unser Ludwig kommt in Wien jedenfalls in eine ihm völlig fremde Welt. Kein Rhein! Na gut, die Donau. Aber ist sie ein Ersatz? In Wien gibt's nur Überschwemmungsgebiete der Donau, kein Siebengebirge, keinen Rolandsbogen, keinen Kölner Dom, kein Kölsch – was ihn sehr gefuchst haben muss, auch wenn er schon in Bonn Weintrinker war. Aber nun *muss* er Wein trinken, da fällt einem das Fehlen von Bier ja erst richtig auf. Die tollen österreichischen Biere wie Gut, Besser, Gösser! oder Schwach, Schwächer, Schwechater! gab's ja noch nicht, andere Biere erst ansatzweise. Klassische österreichische Markenartikel wie Almdudler-Limonade oder Austria 3, Manner-Schnitten oder Mautner-Markhof Senf – das alles war Ende des 18. Jahrhunderts noch in weiter Ferne und nach Maria Theresia hätte man sich einen so gutmütigen Trottel wie Franz Josef nicht als Kaiser vorstellen können. Dass ausgerechnet er das Objekt nostalgischer k. u. k. Sehnsucht geworden und geblieben ist – Beethoven hätte es wahrscheinlich nicht gewundert, er hatte ja einen sehr scharfen Blick auf die Wiener.

»Gleich der großen Zahl von Studierenden und anderen jungen Leuten, welche jährlich dorthin kamen, um Unterricht und Lehrer zu finden, war dieser kleine und schmächtige, dunkelfarbige und pockennarbige, schwarzäugige und schwarzhaarige junge Musiker von 22 Jahren in aller Stille zur Hauptstadt gereist, um das Studium seiner Kunst bei dem kleinen und schmächtigen, dunkelfarbigen und pockennarbigen, schwarzäugigen und schwarzgelockten alten Meister Haydn weiter zu verfolgen.« So beschreibt Thayer Schüler und Lehrer.

Zunächst musste Ludwig sich aber um das Alltägliche kümmern wie »Holz, Perückenmacher, Kaffee, Überrock, Stiefel, Schuhe, Klavierpult, Petschaft (Siegellack et cetera), Schreibpult, Klaviergeld« (so eine Liste, die er selber geschrieben hatte). Dann begab er sich auf die Suche nach einem Klavier. Das alles ging natürlich ins Geld. Er machte eine Aufstellung über das Geld, das er vom Kurfürsten empfangen hatte:

»25 Ducaten Einnahme, davon ausgegeben den (?) November einen halben Souverain fürs Clavier oder 6 Gldn. 40 x – 2 Gulden sind dabei von dem meinigen.«

Und er bereitet sich auch in Sachen seiner Toilette auf den Eintritt in die Gesellschaft vor:

»Schwarze seidene Strümpfe – einen Ducaten, ein paar Winter seidene Strümpfe, 1 Gldn. 40 x, Stiefel 6 Gldn., Schuh 1 Gldn. 30 x.« Diese Ausgaben mit Hinzunahme seiner täglichen Bedürfnisse verursachten allerdings eine bedeutende Verminderung seiner Einnahme von 25 Dukaten; und so schreibt Beethoven weiter: »Am Mittwoch den 12ten December hatte ich 15 Ducaten«, und: »Alle Nothwendigkeiten, z. B. Kleidung, Leinwand, alles ist auf. In Bonn verließ ich mich darauf, ich würde hier 100 Ducaten empfangen, aber umsonst. Ich muß mich völlig neu equippiren.«

Und das genau ist das Stichwort: Neu *equippieren*. Er

musste innerhalb kürzester Zeit lernen, dass er sich jetzt selber um alles kümmern muss, dass der Kurfürst ihn nicht als Hoforganisten sein Leben lang bezahlen wird, dass er also nicht der kurfürstliche Musikbeamte auf Lebenszeit sein wird.

Hier in Wien lernt er die Lektion fürs Leben.

III.

Beethoven und das liebe Geld

»Von meiner Lage willst du was wissen, nun, sie wäre eben so schlecht nicht, seit vorigem Jahr hat mir Lichnowski, der, so unglaublich es dir auch ist, wenn ich dir sage, immer mein wärmster Freund war und geblieben, (kleine Mißhelligkeiten gab's ja auch unter uns), (und haben nicht eben diese unsere Freundschaft mehr befestigt?) eine sichere Summe von 600 fl [Gulden = 15.000 € bis 30.000 €, je nach rechnerischem Bezugspunkt] ausgeworfen, die ich, so lang ich keine für mich passende Anstellung finde, ziehen kann, meine Kompositionen tragen mir viel ein, und ich kann sagen, dass ich mehr Bestellungen habe als es fast möglich ist, dass ich machen kann. Auch habe ich auf jede Sache 6, 7 Verleger und noch mehr, wenn ich mir's angelegen sein lassen will, man accordiert [verhandelt] nicht mehr mit mir, ich fordere und man zahlt, du siehst, dass es eine hübsche Lage ist, z.B. ich sehe einen Freund in Not und mein Beutel leidet eben nicht, ihm gleich zu helfen, so darf ich mich nur hinsetzen und in kurzer Zeit ist ihm geholfen – auch bin ich ökonomischer als sonst, sollte ich immer hierbleiben, so bringe ich's auch sicher dahin dass ich jährlich immer einen Tag zur Akademie [einem Konzert zu seinen Gunsten] erhalte, deren ich einige gegeben.«

So schreibt unser Ludwig am 29. Juni 1801 an seinen Freund Gerhard Wegeler – da hatte er's schon geschafft.

Aber am Anfang schlug der Ernst des Lebens zu, er notierte peinlich genau seine Ausgaben, zum Beispiel:

»Hauszins 14 Gldn. Klavier 6 G. 40 x. Heizen jedesmal 12 x; Essen mit dem Weine 16 ½ Gld.; 3 x für B. und H. Der Hausfrau ist nicht nöthig mehr als 7 Gld. zu geben, das Zimmer ist so auf der Erd.«

Und dann passiert es: Der Papa stirbt am 18. Dezember 1792 in Bonn – also nur ein paar Wochen nachdem Ludwig Bonn den Rücken gekehrt hat.

Dieses Ereignis kommentierte Kurfürst Max recht zynisch, nämlich dass mit Johann van Beethovens Tod die Getränkesteuer einen Verlust erlitten habe. Aber auch Ludwigs van Beethovens Finanzen waren damit durcheinander geraten. Denn Beethoven hoffte, die Hälfte des Gehalts seines Papas weiter empfangen zu können. Aber da hakte es. Gut, die Zeiten waren unruhig, der Kurfürst und seine Mitarbeiter hatten andere Sorgen. Es galt die Flucht vor den Franzosen vorzubereiten (in Mainz und anderen südlichen Städten waren die »höheren Stände« schon abgehauen oder gerade dabei es zu tun), die Haushalte mussten zusammengepackt werden – da dachte jetzt keiner daran, die Gehälter verstorbener Musiker korrekt auszurechnen und auszuzahlen. Beethoven hörte von Franz Ries, dem Papa seines Kumpels und Freundes Ferdinand Ries, wie es in Bonn stand, und setzte sich sofort an den – vermutlich neu angeschafften – Schreibtisch, um einen Brandbrief an seinen Kurfürsten in Bonn zu schreiben:

Hochwürdigst-Durchlauchtigster Kurfürst!
Gnädigster Herr!
Vor einigen Jahren geruhten Ew. Kurfürstliche Durchlaucht, meinen Vater den Hoftenoristen van Beethoven in Ruhe zu setzen, und mir von seinem Gehalte 100 Rtlr. durch ein ggstes Dekret in der Absicht zuzulegen, daß ich dafür meine beide jüngere Brüder kleiden, nähren und unterrichten laßen, auch unsere vom Vater rührende Schulden tilgen sollte.
Ich wollte dieses Dekret eben bei Höchstdero Landrhentmeisterei präsentiren als mich mein Vater innigst bath, es doch zu unterlaßen, um nicht öffentlich dafür angesehen zu werden, als seye er unfähig seiner Familie selbst vorzustehen, er wollte mir |: fügte er hinzu:|quartaliter [= vierteljährlich] die 25 Rtlr. selbst zustellen, welches auch bisher immer richtig erfolgte.
Da ich aber nach seinem Ableben |: so im Dezemb: v: I: erfolgte:| Gebrauch von Höchstdero Gnade, durch präsentirung obbenannten ggsstn Dekrets machen wollte, wurde ich mit Schröcken gewahr, daß mein Vater selbes unterschlagen habe.
In schuldigster Ehrfurcht bitte ich deshalb Eure Kfftle Dchlcht [was für eine unglaubliche Abkürzung für kurfürstliche Durchlaucht!] um gnädigste Erneuerung dieses Dekrets, und Höchstdero Landrhentmeisterei anzuzeigen, mir letzhin verflossenes Quartal von dieser ggn Zulage |: so Anfangs Februar fällig waren:| zukommen zu lassen.

Euer Kurfürstlichen Durchlaucht
Unterthänigster Treugehorsamster
Lud: v: Beethowen; Hoforganist.

Ergebnis war folgende Antwort der Behörde:

ad sup. des Hof Organisten L. van Beethoven.
Dem Supplicant wird, auf sein unthgstes [= untertänigstes]
Bitten, zu seinem bereits genießenden ein hundert Rthl. jähr‐
lichs, ferner noch ein hundert Rth. In quartalien eingetheilt,
und mit dem 1ten Jenner a. c. anzufangen, aus dem, durch den
Tod seines Vaters erledigtem Gehalt von 260 Rthl. hiemit
ggst zugelegt, und sollen ihm auch, die zu Erziehung seiner
Geschwisteren ggst verwilligte drei Mltr. korn, ferner abge‐
reicht werden. Wornach kurfürstle Hofkammer das fernere
zu verfügen hat. Urkund. p.
Bonn den 3. May 1793.

Die Verfügung an die Landrentmeisterei erfolgte am 24. Mai in folgender Weise:

Demnach Seine Kurfürstl^e Durchlaucht zu Kölln Max
Franz, Erzherzog zu Oestereich p. Unser gnädigster Herr
auf unterthänigstes Bitten des Hoforganisten L. van Beet‐
hoven Mildest bewogen worden sind, demselben zu seinem
bereits geniessenden Gehalt von hundert Rthl. jährlichs noch
Ein hundert Rthl. in quartalien eingetheilt und mit dem
1ten Jenner lauf. jahrs anzufangen aus jenem durch den Todt
seines Vaters erledigtem Gehalt gnädigst zuzulegen; Als

wird demselben hierüber gegenwärtige Fertigung mitgetheilt, wornach sich Kurfl^e Landrentmeisterey zu achten hat. Sigl.
Bonn den 24sten May 1793.
Frhr. von Spiegel zum Diesenberg (Siegel)
Befehl an kurfl. Landrentmstrey

Das war also ein voller Erfolg! Am 15. Juni unterschrieb Franz Ries zwei Quittungen, die eine über 25 Taler für Januar bis März, und die zweite über 50 Taler für das zweite Vierteljahr von 1793. Nach den in Düsseldorf noch befindlichen Rechnungen der Landrentmeisterei hat Beethoven das Gehalt von 50 Talern vierteljährlich bis zum März 1794 bezogen.. Danach finden sich allerdings keine Dokumente mehr, die besagen würden, dass Beethoven noch etwas von dem Kurfürsten empfangen hätte – oder dass er andere Einkünfte gehabt hätte als seine eigenen Verdienste und die Freigebigkeit neu erworbener Freunde zu Wien.

Was die eigenen Verdienste betrifft: Er tat natürlich das, was alle Musiker und Komponisten getan haben und tun. Er gab Unterricht, um seinen eigenen Unterricht bei Haydn und Albrechtsberger bezahlen zu können. Er tat es ungern. Aber er erkannte ziemlich schnell, dass es für einen selbständigen, freien Künstler so viele Wege nicht gab, Geld zu verdienen. Neben dem Unterricht waren das:

Konzerte (Akademien) zu eigenen Gunsten
Geschenke und »Spenden« von Gönnern

Stipendien o. ä. von fürstlichen Hoheiten
Verkauf von veröffentlichten Werken
Widmungen, für die er Geld bekam
Akquise von Aufträgen für Kompositionen, so da waren: Messen, Opern, Requiems, Fanfaren und Ouvertüren o. Ä. für Festakte, Hochzeiten, Märsche etc.

Immerhin musste Beethoven nicht – wie seinerzeit noch der selige Johann Sebastian Bach – um seine Einkünfte bangen, bloß weil ein reicher alter Greis seine Finger in der Steckdose hielt, um ein Jahr länger zu leben, und Bach damit um den Auftrag für die Musik zu einer »schönen Leich« kam.

Wenn man wie Beethoven noch mehreren Verlagen seine Werke zur Veröffentlichung anbot, war man schon fast aus dem Schneider. Schauen Sie sich mal eine Landkarte von damals an. Dann sehen Sie, wie viele Länder, Fürstentümer, Königreiche, Herzogtümer es gegeben hat. Und Handelsabkommen steckten schließlich noch in den Kinderschuhen. Das hieß konkret: Du konntest locker eine Sinfonie in Leipzig, in Bonn, in London und in Wien gleichzeitig verlegen lassen: einmal geschrieben, viermal kassiert. Ist das ein Geschäft?

Kurz: Flexibilität war angesagt, wollte man ein Leben als freier Künstler führen. Man darf nicht vergessen: Beethoven war da die Speerspitze. Bis dahin war es normal, dass Komponisten bei Fürsten oder Bischöfen und Erzbischöfen angestellt waren, Haydn war es beim Fürsten Esterhazy, Mozart beim Fürstbischof von Salzburg, und nachdem er dort gekündigt hatte, suchte er eine Stelle beim Hof in Wien.

Und Musiker wurden ziemlich kurzgehalten. Maria Theresia schrieb selbst über Mozart, der als Kind bei ihr auf dem Schoß gesessen hatte und den sie sehr mochte, ihrem Sohn Erzherzog Ferdinand:

»Sie fragen mich, ob Sie den jungen Salzburger in Ihre Dienste nehmen sollen. Ich weiß nicht wieso; ich glaube nicht, dass Sie einen Komponisten oder derlei unnütze Leute brauchen … Ich sage dies nur deshalb, damit Sie sich nicht unnütze Leute und derlei Volk auf den Hals laden … Er hat noch dazu eine große Familie.«

Und der unterwürfige Ton im Brief vom jungen Beethoven an den Kurfürsten in Bonn spricht ja auch Bände. Das heißt: Beethoven musste findig sein, wollte er als »Freelancer« überleben, aber genau dieses Talent war ihm, was seine Finanzen angeht, nicht gegeben. Mein Lieblings-Beethoven-Kenner und -forscher, Michael Ladenburger, formulierte das so:

»Leider war es Beethoven nicht vergönnt, beim Großvater diesbezüglich in die Lehre zu gehen. Es wäre von großem Nutzen für ihn gewesen.«

So kümmerte er sich vor allem um Einnahmequellen: Er konzertierte, spielte in Fürstenhäusern, dafür gab es Geld und Geschenke und Ruhm, was wiederum zu weiteren Auftritten führte. Er versuchte natürlich dennoch, auch bei »Fürstens« regelmäßige Zahlungen zu ergattern. Nun muss man allerdings wissen: Das taten damals viele. Eigentlich alle. Musiker, Dichter, Wissenschaftler, Philosophen, Großhändler, Einzelhändler, alle antichambrierten sie beim Adel und jagten hinter Titeln wie »Hofkapellmeister« oder »Hoflieferant« her. Je nachdem, wohin die Neigungen eines Fürsten fielen, unterstützte er eben Komponisten oder Hundezüchter oder, falls er von der Syphilis betroffen war wie viele damals, Quecksilbersalben-Hersteller. Der Fürst Lichnowsky, bei dem Beethoven von 1793 bis 1795 wohnte – also ganz am Anfang seiner Wiener Zeit – hatte von Mozart Unterricht bekommen und wurde zum Beethoven-Fan. Beethoven widmete ihm eine Reihe seiner Werke, unter anderem die zweite Sinfonie und die Klaviersonate op 13 in c-Moll, die berühmte »Pathetique«, und erhielt von ihm großzügige finanzielle Unterstützung: zum Beispiel ab 1800 ein Jahresgehalt von 600 Gulden (umgerechnet irgendwas zwischen 15- und 30.000 Euro). Und Lichnowsky blieb – trotz einiger Reibereien zwischendurch – Beethoven bis an sein Lebensende gewogen. Nur: Das reichte natürlich nicht wirklich.

Also versuchte unser Ludwig weitere Stellen anzuzapfen, zum Beispiel wurde er immer wieder bei Theatern vorstellig. So auch bei der K.u.k.-Hoftheaterdirektion. Er wollte angestellt werden. Burgtheater, Kärntnertortheater und das Theater an der Wien wurden von einer »Betreibergesellschaft« geleitet, so was kennen wir ja auch von heute, »outsourcen« war offenbar damals schon bekannt und angesagt. Diese Gesellschaft hieß völlig phantasielos »Theater-Unternehmungs-Gesellschaft«. Fürst Lobkowitz war Mitglied, er war für die Oper zuständig und – das war Ludwigs Hoffnung – ein Fan Beethovens. Er schrieb, das heißt er beauftragte einen Schreiber und unterzeichnete nur, an diese Theatergesellschaft, immerhin war er schon mal von 1803–1804 als Opernkomponist und Kapellmeister beim Theater an der Wien angestellt gewesen. Hier ist der Brief vom 4. Dezember 1807, Beethoven war da bereits seit 15 Jahren in Wien:

Löbliche kk Hoft Theatral Direction
Unterzeichneter darf sich zwar schmeicheln, während der
Zeit seines bisherigen Aufenthaltes in Wien sich sowohl
bey dem hohen Adel, als auch dem übrigen Publikum
einige Gunst und Beyfall erworben, wie auch eine ehrenvolle
Annahme seiner Werke im Inn- und Auslande gefunden zu
haben.
Bey all dem hatte er mit Schwierigkeiten aller Art zu
kämpfen, und war bisher nicht so glücklich, sich hier eine
Lage zu begründen, die seinem Wunsch, ganz der Kunst
zu leben, seine Talente zu noch höheren Graden der Vollkommenheit, die das Ziel eines jeden wahren Künstlers
seyn muss, zu entwickeln, und die bisher bloß zufälligen
Vorteile für eine unabhängige Zukunft zu sichern, entsprochen hätte.
Da überhaupt dem unterzeichneten von jeher nicht so sehr
Brot-Erwerb als vielmehr das Interesse der Kunst, die Veredlung des Geschmacks, und der Schwung seines Genius nach
höheren Idealen und nach Vollendung zum Leitfaden auf

seiner Bahn diente: so konnte es nicht fehlen, dass er oft den Gewinn und seine Vorteile der Muse zum Opfer brachte. Nichtsdestoweniger erwarben ihm Werke dieser Art einen Ruf im fernen Auslande, der ihm an mehreren ansehnlichen Orten die günstigste Aufnahme, und ein seinen Talenten und Vorteilen angemessenes Los verbürgt.

Demungeachtet kann Unterzeichneter nicht verhehlen, dass die vielen hier vollbrachten Jahre die unter Hohen und Niederen genossene Gunst und Beifall, der Wunsch jene Erwartungen, die er bisher zu erregen das Glück hatte, ganz in Erfüllung zu bringen, und er darf es sagen, auch der Patriotismus eines Deutschen ihm den hiesigen Ort gegen jeden anderen schätzungs- und wünschenswerter machen.

Er kann daher nicht umhin, eh er seinen Entschluß, diesen ihm werten Aufenthalt zu verlassen, in Erfüllung setzt, dem Winke zu folgen, den ihm Se Durchlaucht der regierende Herr Fürst von Lobkowitz zu geben die Güte hatte, indem er äußerte, eine löbliche Theatral Direction wäre nicht abgeneigt, den Unterzeichneten unter angemessenen Bedingungen für den Dienst der ihr unterstehenden Theater zu engagieren, und dessen fernern Aufenthalt mit einer anständigen, der Ausübung seiner Talente günstigeren Existenz zu fixieren.

Da diese Äußerung mit des Unterzeichneten Wünschen vollkommen überein stimmt: so nimmt sich derselbe die Freyheit, sowohl Bereitwilligkeit zu diesem Engagement als auch folgende Bedingungen zur beliebigen Annahme der löbl. Direction geziemend vorzulegen:

1tens   macht sich derselbe anheischig und verbindlich jährlich wenigstens eine große Oper, die gemeinschaftlich durch die löbl. Direction durch den Unterzeichneten gewählt würde, zu komponieren, dagegen verlangt er eine fixe Besoldung von jährlichen 2.400 fl ((Gulden)) nebst der freyen Einnahme zu seinem Vorteile bey der dritten Vorstellung jeder solchen Oper.

2tens   Macht sich derselbe anheischig, jährlich eine kleine Operette, oder ein Divertissement, Chöre oder Gelegenheitsstücke nach Verlangen und Bedarf der löbl. Direction unentgeltlich zu liefern, doch hegt er das Zutrauen, dass die löbl. Direction keinen Anstand nehmen werde, ihm für derley besondere Arbeiten allenfalls einen Tag im Jahre zu einer Benefice Accademie in einem der Theatergebäude zu gewähren. Wenn man bedenkt, welchen Kraft- und Zeitaufwand die Verfertigung einer Oper fordert, da sie jede andere Geistesanstrengung schlechterdings ausschließt; wenn man ferner bedenkt, wie in anderen Orten, wo dem Autor und seiner Familie ein Anteil an der jedesmaligen Einnahme jeder Vorstellung zugestanden wird, ein einziges gelungenes Werk das ganze Glück des Autors auf einmal begründet; wenn man ferner bedenkt, wie wenig Vorteil der nachteilige Geldkurs, und die hohen Preise aller Bedürfnisse dem hiesigen Künstler, dem übrigens auch das Ausland offen steht, gewährt: so kann man *obige Bedingungen gewiß nicht übertrieben oder unmäßig finden.*

Für jeden Fall aber, die löbl. Direction mag den gegenwärtigen Antrag bestätigen und annehmen, oder nicht: so füget Unterzeichneter noch die Bitte bey, ihm einen Tag zu einer musicalischen Accademie in einem der Theatergebäude zu gestatten; denn im Falle der Annahme seines Antrages hätte Unterzeichneter seine Zeit und Kräfte sogleich zur Verfertigung der Oper nötig, und könnte also nicht für anderweitigen Gewinn arbeiten. Im Falle der Nichtannahme des gegenwärtigen Antrages aber würde derselbe, da ohnehin die im vorigen Jahre ihm bewilligte Accademie wegen verschiedenen eingetretenen Hindernissen nicht zu Stande kam, die nunmehrige Erfüllung des vorjährigen Versprechens als das letzte Merkmal der bisherigen hohen Gunst ansehen, und bittet im ersten Falle den Tag an Maria Verkündigung, im zweiten Falle aber einen Tag in den bevorstehenden Weihnachtsfeyertägen dazu zu bestimmen.

An die Löbl. Kais. Königl. Hof-Theatral-Direction

Louis van Beethofen

Nebst vorläufigen Vorschlägen eines Engagements zugleich Bitte um Bewilligung eines Tages zur Accademie in einem der Theatergebäude.

Ui, ui ui! Zum einen führt uns der Ludwig vor: Schreiben kann ich allemal, aber hallo! Was für ein Brief, was für Sätze! Zum anderen ist es ziemlich komisch, wie er da scheinbar diskret mit dem Laternenpfahl winkt, der Drohung, dass er sonst eben ins Ausland gehen würde. Wunderbar. Diesen Ton hätte sich Mozart nicht getraut, aber auch bei Beethoven war er nicht wirklich effektiv: Der Antrag wurde abgelehnt. Punkt. Aus. Feierabend.

Was jetzt? Beethoven gab nicht auf in Sachen Festanstellung und dabei kam ihm Jérôme, der Bruder von Napoleon und König von Westfalen, mit Sitz in Kassel, gerade recht.

Im Zuge des Friedens von Tilsit wurde ein neuer Staat gegründet: das Königreich Westfalen. Napoleons Brüderchen schöpfte aus dem Vollen und legte los: Eine deutsche, eine italienische und eine französische Oper musste her und dazu natürlich ein Intendant: Friedrich Reichardt und ein vollmundiger Titel: »directeur général des théâtre set de son orchestre«. Wie das immer so ist: Der Herr Reichardt fiel in Ungnade und wurde geschasst. Daraufhin meldete sich der Kammerherr des Westfalen-Königs, Graf Truchseß-Waldburg, bei Beethoven mit dem Angebot, in Kassel diese Stelle zu übernehmen. Das muss im Spätsommer 1808 gewesen sein. Wasser auf die Mühlen Ludwigs! Jetzt hatte er ein belastbares Pfund in der Hand, mit dem er wuchern konnte, und er tat es! Erst mal streute er die Nachricht in Wien, so schrieb er zum Beispiel einem seiner Freunde, dem Baron Ignaz von Gleichenstein:

»Liederlicher Baron – ich hab dich gestern umsonst erwartet - ... ich habe einen schönen Antrag als Kapellmeister vom König von Westphalen erhalten – man will mich gut bezahlen – ich soll sagen wieviel Dukaten ich haben will – etc – ich möchte das mit dir überlegen – wenn du daher kannst, komm diesen Nachmittag gegen halb 4 zu mir – diesen Morgen muß ich ausgehen.«

Und ein paar Tage später:

»Heute erhalte ich die Nachricht aus dem Königtum Westphalen auf meinen Brief – man bietet meiner Wenigkeit als jährlichen Gehalt 600 Dukaten in Gold.«

Beethoven war einerseits tatsächlich sehr gebauchpinselt von diesem lukrativen Angebot, andererseits: Kassel? Nicht wirklich das Zentrum der kulturellen Welt damals, und dass es das heute wäre, möchte man auch nicht in Stein meißeln. Also war ihm klar, dass diese Stelle vor allem ein Ass im Ärmel für den Poker in Wien darstellte.

Ferdinand Ries, Pianist und Komponist, seit jeher Freund Beethovens, ab Anfang der 1800er Jahre sein Schüler und eine Art von Sekretär und zusammen mit Franz Gerhard Wegeler Autor der ersten Biographie über ihn: »Biographische Notizen über Ludwig van Beethoven« (1838) – ein Muss für jeden Beethoven-Interessierten und ein höchst amüsantes Büchlein – schreibt zu diesem Thema, das auch ihn anging, Folgendes:

»Beethoven war äußerst gutmütig, aber ebenso leicht gereizt und misstrauisch, wovon die Quelle in seiner Harthörigkeit, mehr aber noch in dem Betragen seiner Brüder lag. Seine erprobtesten Freunde konnten leicht durch jeden Unbekannten bei ihm verleumdet werden; denn er glaubte nur zu schnell und unbedingt. Er machte alsdann dem Beargwohnten keine Vorwürfe, begehrte keine Erklärung, sondern zeigte auf der Stelle in seinem Betragen gegen ihn den größten Trotz und die höchste Verachtung. Da er in allem außerordentlich heftig war, so suchte er auch beim vermeintlichen Feinde die empfindlichste Seite auf, um ihm seinen Zorn zu beweisen. Daher wußte man häufig nicht, woran man mit ihm war, bis sich die Sache, und zwar meistens zufällig, aufklärte. Dann suchte er aber auch sein Unrecht eben so schnell und wirksam wieder gut zu machen. Unter vielen will ich folgenden Beweis des hier Ausgeführten wählen.

Beethoven sollte als Capellmeister zum Könige von Westphalen kommen; der Contract, wodurch ihm sechshundert Dukaten Gehalt, nebst (wenn ich nicht irre), freier Equipage zugesichert wurden, war ganz fertig; es fehlte nur seine Unterzeichnung. Dieses gab die Veranlassung, dass der Erzherzog Rudolph und die Fürsten Lobkowitz und Kinsky ihm lebenslänglich ein Gehalt zusagten, unter der einzigen Bedingung, dass er nur in den kaiserlichen Staaten bleibe. Das Erstere wußte ich, das Letztere nicht, als plötzlich Capellmeister Reichardt zu mir kam und mir sagte, Beethoven nehme die Stelle in Kassel bestimmt nicht an; ob ich, als Beethoven's einziger Schüler, mit geringerem Gehalte dorthin gehen wolle. Ich glaubte Ersteres nicht, ging gleich zu Beethoven, um mich nach der Wahrheit dieser Aussage zu erkundigen und ihn um Rat zu fragen. Drei Wochen lang wurde ich abgewiesen, sogar meine Briefe darüber nicht beantwortet. Endlich fand ich Beethoven auf der Redoute. Ich ging sogleich auf ihn zu und machte ihn mit der Ursache meines Ansuchens bekannt, worauf er in einem schneidenden Ton sagte: ›So – glauben Sie, dass Sie eine Stelle besetzen können, die man mir angeboten hat?‹ – er blieb nun kalt und zurückstossend. Am anderen Morgen ging ich zu ihm, um mich mit ihm zu verständigen. Sein Bedienter sagte mir in einem groben Tone: ›Mein Herr ist nicht zu Hause‹ obschon ich ihn im Nebenzimmer singen und spielen hörte. Nun dachte ich, da der Bediente mich schlechterdings nicht melden wollte, grade hineinzugehen; allein dieser sprang nach der Tür und stieß mich zurück. Hierüber in Wut gebracht fasste ich ihn an der Gurgel und warf ihn schwer nieder. Beethoven, durch das Getümmel aufmerksam gemacht, stürzte heraus, fand den Bedienten noch auf dem Boden und mich totenbleich. Höchst gereizt, wie ich nun war, überhäufte ich ihn mit Vorwürfen der Art, dass er vor Erstaunen nicht zu Wort kommen konnte und unbeweglich stehen blieb. Als die Sache aufgeklärt war, sagte Beethoven: ›So habe ich das nicht gewußt; man hat mir gesagt, Sie suchten die Stelle hinter meinem Rücken zu erhalten.‹ Auf meine Versicherung, dass ich noch gar keine Antwort gegeben hätte, ging er sogleich, um seinen Fehler gut zu machen, mit mir aus. Allein es war zu spät; ich erhielt die Stelle nicht, obschon sie damals ein sehr bedeutendes Glück für mich gewesen wäre.«

Unser Ludwig streift sich jedenfalls die Ärmelschoner über und fängt an zu pokern: zielsicher wie ein alter Zocker. Vielleicht hat er das als Kind schon in Bonn im »Stiefel« gelernt, einer Kneipe, die es damals schon gab, neben dem Geburtshaus von Beethoven. Er streut die Geschichte mit Kassel immer weiter, er sagt sogar in Kassel zu und bringt damit unter anderen seinen Freund Ignaz von Gleichenstein dazu, beim Wiener Adel für den Verbleib von Beethoven zu baggern, dass es eine Freude ist. Gräfin Erdödy, bei der Ludwig zu jener Zeit wohnte, scheint auch mitgewirkt zu haben.

Es kam zu einem Vorvertrag, den Baron Ignaz von Gleichenstein und Beethoven aufsetzten. Der nannte sich »Entwurf einer musikalischen Konstitution« und fing mit Pathos an:

Es muß das Bestreben und das Ziel jeden wahren Künstlers sein, sich eine Lage zu erwirken, in welcher er sich ganz mit der Ausarbeitung größerer Werke beschäftigen kann und nicht durch andere Verrichtungen oder ökonomische Rücksichten davon abgehalten wird. Ein Tondichter kann daher keinen lebhafteren Wunsch haben, als sich ungestört der Erfindung größerer Werke überlassen, und selbe sodann dem Publikum vortragen zu können. Hierbei muss er doch auch seine älteren Tage im Gesicht haben, und sich für selbe ein hinreichendes Auskommen zu verschaffen suchen.

Der König von Westphalen hat dem Beethoven einen Gehalt von 600 Dukaten in Gold lebenslänglich, 150 Dukaten Reisegeld gegen die einzige Verbindlichkeit angetragen, bisweilen vor ihm zu spielen und seine Kammerkonzerte zu leiten, welches indessen nicht oft und jedes Mal nur kurz zu geschehen hat.

Dieser Antrag ist sicher ganz zum Vorteil der Kunst und des Künstlers.

Beethoven hat indessen so viel Vorliebe für den Aufenthalt in dieser Hauptstadt, so viel Dankbarkeit für die vielen Beweise von Wohlwollen, welches er darin erhalten hat, und so viel Patriotismus für sein zweites Vaterland, dass er nie aufhören wird, sich unter die Österreichischen Künstler zu zählen, und dass er nie seinen Wohnort anderwärts nehmen wird, wenn ihm die gesagten Vorteile hier nur einigermaßen zu statten kommen.

Im »Rentenvertrag zwischen Erzherzog Rudolph, Fürst Ferdinand Kinsky, Fürst Franz Joseph Lobkowitz und Ludwig van Beethoven, Wien, 1. März 1809« heißt es dann prosaischer:

Die täglichen Beweise, welche Herr Ludwig van Beethoven von seinen außerordentlichen Talenten und Genie als Tonkünstler und Compositeur gibt, erregen den Wunsch, dass er die größten Erwartungen übertreffe, wozu man durch die bisher gemachte Erfahrung berechtigt ist. Da es aber

erwiesen ist, dass nur ein soviel als möglich sorgenfreier
Mensch, sich einem Fache allein widmen könne, und diese,
vor allen übrigen Beschäftigungen ausschließliche Verwendung allein im Stande sei, grosse, erhabene und die Kunst
veredelnde Werke zu erzeugen; so haben Unterzeichnete den
Entschluß gefaßt, Herrn Ludwig van Beethoven in den Stand
zu setzen, dass die notwendigen Bedürfnisse ihn in keine
Verlegenheit bringen und sein kraftvolles Genie dämmen
sollen. Demnach verbinden sie sich ihm die bestimmte
Summe von 4000 fl ((Gulden)) jährlich auszuzahlen und
zwar:

Se. Kaiserl Hoheit der Erzherzog Rudolph	ƒ 1500.
Der Hochgebohrne Fürst Von Lobkowitz	ƒ 700.
Der Hochgebohrne Fürst Ferdinand von Kinsky	ƒ 1800.
Zusammen	ƒ 4000.

Welche Herr Ludwig van Beethoven in halbjährigen Raten
bei jeden dieser hohen Teilnehmern nach Maassgabe des
Betrages gegen Quittung erheben kann.

Auch sind Unterfertigte diesen Jahresgehalt zu erfolgen
erbötig bis Herr Ludwig van Beethoven durch eine Anstellung eine der Summe gleiches Äquivalent erhalten würde.

Sollte diese Anstellung unterbleiben und Herr Ludwig van Beethoven durch einen unglücklichen Zufall oder Alter verhindert sein seine Kunst auszuüben, so bewilligen ihm die Herren Teilnehmer diesen Gehalt auf Lebenslang.

Dafür aber verbürgt sich Herr Ludwig van Beethoven, seinen Aufenthalt in Wien, wo die hohen Fertiger dieser Urkunde sich befinden, oder einer anderen in deren Erbländern Sr österreichisch kaiserlichen Majestät liegenden Stadt zu bestimmen, und diesen Aufenthalt nur auf Fristen zu verlassen, welche Geschäfte, oder der Kunst Vorschub leistende Ursachen veranlassen können, wovon aber die Herren Kontribuenten verständiget und mit selben einverstanden sein müssten.

So gegeben Wien den 1. März 1809

Also 4000 Gulden – nicht schlecht! Ludwig musste allerdings dem zugesagten Geld immer wieder hinterherlaufen. Vor allen Dingen Fürst Kinsky hat sich bezüglich pünktlicher Zahlung nicht mit Ruhm bekleckert – obwohl Beethoven direkt nach der Unterzeichnung des Vertrags allen Beteiligten Werk über Werk gewidmet hat, aus Dankbarkeit und Gruß in die Ewigkeit sozusagen.

So gewöhnte sich Beethoven an, zu lamentieren. Nicht direkt zu jammern, das kann man nicht sagen, aber doch immer den einen oder anderen Seufzer parat zu haben. 4000 Gulden im Jahr – zum Vergleich: Beethovens Bruder Johann hatte als Staatsbeamter ein Jahresgehalt von 250 Gulden! Da kam Ludwigs Seufzerei bei den Wienern nicht wirklich toll an, was man ja auch verstehen kann. Beethoven ging es finanziell nicht besonders gut, das aber auf hohem Niveau!

Er hatte mit dieser Kühmerei selbst Rossini beeindruckt, als der ihn 1822 in Wien besuchte. 1860 trafen sich Richard Wagner und Gioacchino Rossini in Paris, das Gespräch ist von Herrn Michotte, damals eine Art Privatsekretär des alten Herrn aus Pesaro, mitgeschrieben worden. Und da erzählte Rossini auch von seinem Besuch bei Beethoven:

»Ich habe ihm meine Bewunderung für sein Genie ausgedrückt, und meine Dankbarkeit dafür, daß er mir die Möglichkeit gegeben hat, diese Bewunderung ihm gegenüber auch auszudrücken.

Er antwortetete mit einem tiefen Seufzer und exakt diesen Worten: ›Oh! Un infelice!‹ Nach einer kleinen Pause begann er, mich nach Details über italienische Opernhäuser und bekannte Sänger auszufragen, ob Mozarts Opern oft aufgeführt würden und ob ich mit der italienischen Truppe in Wien zufrieden sei.

Dann wünschte er mir noch eine gute Aufführung und viel Erfolg für *Zelmira*, stand auf, brachte uns zur Tür und sagte noch mal: ›Machen Sie vor allen Dingen viele *Barbieri*.‹

Als ich die marode Treppe hinabstieg, spürte ich einen schmerzhaften Stich, den dieser Besuch hervorrief, und konnte meine Tränen nicht zurückhalten. ›Ah!‹, sagte Carpani, ›genauso will er es haben. Er ist ein Misanthrop, ein Griesgram, unfähig, sich eine Freundschaft zu erhalten.‹

An diesem Abend war ich bei einem Gala-Diner des Fürsten Metternich. Das wehleidige ›Un infelice!‹ klang mir noch in den Ohren und der ganze Besuch schwang noch in mir nach und ich konnte mich nicht dagegen wehren, eine gewisse Verwirrtheit zu empfinden, als ich sah wie aufmerksam ich nun von dieser Wiener Gesellschaft behandelt wurde; dies führte dazu, daß ich beherzt und ohne Zurückhaltung laut erklärte, was ich vom Hof und der Aristokratie hielt und von ihrem Verhalten gegenüber dem großen Genie unserer Epoche, der so wenig benötigte und doch in solchem Elend lebte. Ich bekam genau dieselbe Antwort, wie sie mir schon Carpani gegeben hatte.

Trotzdem verlangte ich von ihnen zu wissen, ob nicht Beethovens Taubheit das größte Mitleid verlangte, ob es wirklich menschenfreundlich sei, ihn für seine Schwächen zu verabscheuen und ihm Hilfe zu verweigern. Ich fügte hinzu, daß es doch so einfach wäre, ihm Geld bis an sein Lebensende zukommen zu lassen, durch eine kleine Summe, für die jeweils eine der reichen Familien zeichne und die man zusammenkommen lassen könnte. Nicht eine Person unterstützte meinen Vorschlag.

Der Abend endete nach dem Dinner mit einem Empfang der höchsten Namen der Wiener Gesellschaft in Metternichs Salon. Es gab auch ein Konzert. Eines von Beethovens neueren Trios stand auch auf dem Programm – immer er, überall er, wie man auch von

Napoleon sagte. Mit religiöser Andacht wurde dem neuen Meisterwerk gelauscht und es wurde ein voller Erfolg. Wie ich es so inmitten all dieser weltlichen Reichtümer hörte, dachte ich traurig daran, daß der große Mann vielleicht eben jetzt – in der Isolation seiner Bude in der er hauste – ein Werk voll hoher Inspiration vollendete, das, wie seine früheren Werke schon, dazu bestimmt sein könnte, in vollendeter Schönheit in dieser aristokratischen Gesellschaft Aufnahme zu finden, von der er ausgeschlossen war und die so gar nicht beunruhigt war von der Misere des Mannes, der ihnen diese Freuden bereitete.

Obwohl ich keinen Erfolg hatte mit meinem Plan ein jährliches Einkommen für Beethoven aufzubringen, habe ich dieses Vorhaben nicht fallen lassen. Ich wollte zumindest Geld auftreiben, um ihm einen Ort zum Leben zu kaufen. Zwar bekam ich einige Versprechen mir etwas beizusteuern; aber selbst als ich von meinem eigenen Geld dazu gegeben hatte, war das Ergebnis mittelmäßig. Also mußte ich auch dieses zweite Projekt aufgeben. Meistens bekam ich die Antwort: ›Sie kennen Beethoven zu schlecht. Sobald er das Haus bekäme, würde er es wieder verkaufen. Er wüsste gar nicht, wie er sich an nur einem Platz wohl fühlen sollte; denn er wechselt seine Bleibe alle sechs Monate und seine Bediensteten alle sechs Wochen.‹«

Na ja, Rossini hatte ein weiches Herz und war wohl leicht zu beeindrucken. Und wenn vor dir ein Komponist steht, der dir sagt, dass er nichts höre, kann einem das ja schon sehr nahegehen.

Zur zunehmenden Gehörlosigkeit des Meisters ist viel geschrieben worden. Dass sich die Taubheit natürlich auch auf sein Alltagsleben ausgewirkt hat, ist klar, da muss man nur in die sogenannten Konversationshefte schauen, um zu sehen, wie gelähmt das soziale Leben Beethovens war. Man konnte ihn ja nix fragen, er hörte ja nix, man musste also alles aufschreiben. Er las und antwortete anschließend, die Nachwelt hat also schon einen Eindruck von den Gesprächen, aber mitunter einen etwas einseitigen. Über all das gibt's viel zu lesen, auch bei Ärzten, die sich mit den Krankheiten großer Komponisten befasst haben.

Mich interessiert mehr, wie sich seine Taubheit wohl für andere »angefühlt« haben mag. Es ist eine Szene überliefert, die wohl wie keine andere – so geht es mir jedenfalls – die tragische Seite dieses Leidens schildert, aber auch die Größe Beethovens und die anrührende unfreiwillige Komik.

Der Sänger Franz Wild war bei einem Konzert anwesend, das der bereits taube Beethoven dirigierte. In seinen Erinnerungen erzählt er diese berühmt gewordene Geschichte so:

»Er [Beethoven] betrat das Dirigentenpult, und das Orchester, welches seine Schwächen kannte, fand sich dadurch in eine sorgenvolle Aufregung versetzt, welche nur zu bald gerechtfertigt wurde; denn kaum hatte die Musik begonnen, als der Schöpfer derselben ein sinnverwirrendes Schauspiel bot. Bei den Pianostellen sank er in die Knie, bei den Forti schnellte er in die Höhe, so daß seine Gestalt bald zu der eines Zwerges einschrumpfend unter dem Pulte verschwand, bald zu der eines Riesen sich aufreckend weit darüber hinausragte, dabei waren seine Arme und Hände in einer Bewegung, als wären mit dem Anheben der Musik in jedes Glied tausend Leben gefahren. Anfangs ging das ohne Gefährdung der Wirkung des Werkes, denn vor der Hand blieb das Zusammenbrechen und Auffahren seines Leibes mit dem Verklingen und Anschwellen der Töne in Übereinstimmung, doch mit einem Male eilte der Genius dem Orchester voraus, und der Meister machte sich unsichtbar bei den Fortestellen und erschien wieder bei den Pianos. Nun war ›Gefahr im Verzuge‹, und im entscheidenden Moment übernahm Kapellmeister Umlauf den Kommandostab, während dem Orchester bedeutet wurde, nur diesem zu folgen. Beethoven merkte längere Zeit nichts von dieser Anordnung, als er sie endlich gewahr wurde, erblühte auf seinen Lippen ein Lächeln, welches wenn je eines, das mich ein freundliches Geschick sehen ließ, die Bezeichnung ›himmlisch‹ verdient.«

Immer wieder spekulierte und kalkulierte Beethoven. Er versuchte, Geld lockerzumachen *wo't irjends jeiht*, um das mal rheinisch zu sagen. Er überlegte sich, wem er welches Werk widmet, nur ungefähr 25 Prozent seiner Werke widmete er ohne finanziellen Hintergedanken, also Freunden, Mädels, Goethe oder so, somit Menschen, von denen er natürlich nichts für die Widmung einer Komposition bekam. 75 Prozent widmete er Fürsten, Kaisern, Königen, Potentaten und Mäzenen – in der berechtigten Hoffnung, dafür Kohle zu bekommen. Manchmal griff er auch zu Mehrfach-Widmungen beziehungsweise signierte Ausgaben, die er dann verkaufte.

Richtig sauer konnte er werden, wenn er nicht das bekam, was er erhoffte, zum Beispiel vom Preußenkönig. Ludwig hatte die »Neunte« (s. Anhang) 1826 König Friedrich Wilhelm III. widmen wollen.

Ausgerechnet dem! Dem Preußenkönig, der beim Wiener Kongress das Rheinland für Preußen beansprucht hatte. Seitdem ist das Verhältnis der Rheinländer zu den Preußen gestört, aber hallo! Er machte aber auch alles falsch: Er benannte das Rheinland um in preußische Rheinprovinzen, das tut heute noch weh, zumal sich keiner aus Berlin jemals dafür entschuldigt hat. Wir warten!

Die Idee dahinter war: Er wollte das Rheinland verwalten. Das Rheinland verwalten – das muss man sich mal auf der Zunge zergehen lassen. Daran ist ja schon der Römer gescheitert. Der war kaum im Rheinland, um es zu erobern, da war er auch schon assimiliert! Bis heute! Dann kamen die Preußen und legten das Zentrum der Macht, den Verwaltungssitz, nicht nur nicht nach Köln, nicht nur nicht nach Düsseldorf, nicht nur nicht nach Aachen als der ältesten Reichsmetropole im Rheinland – sondern nach Koblenz! Koblenz, das hölzerne Portal zum Westerwald. Da hat 57 v. Chr. Cäsar schon die Biege gemacht, als er von Andernach aus mit seinen Holzschlauchbooten ins Rechtsrheinische übersetzen wollte, um den Westerwald zu erobern. Ein Blick auf die am Ufer wartenden Westerwälder genügte, um umzukehren. Gut, Schwamm drüber, allein: Beethoven hätte das schon wissen können, er war doch in Wien auch ständig mit Bonnern und Rheinländern zusammen, da wird man bestimmt auch über die Preußen im Rheinland gesprochen haben.

Nun gut, Beethoven widmete also die »Neunte« dem Preußenkönig, teilte das dem preußischen Gesandten in Wien, Fürst Hatzfeld zu Trachenberg, mit und wartete auf allerhöchsten Bescheid. Der König bedankte sich recht neutral und schrieb, er wolle ihm als Dank einen Brillantring schenken. Der kam dann auch im November beim Ludwig an, der öffnete das Kästchen, sah einen Ring mit rötlichem Stein und verkloppte ihn direkt beim Hofjuwelier, noch im Dezember 1826. Dafür bekam er 300 Gulden. Damit waren zwar die Herstellungskosten des Widmungsexemplars gedeckt, aber ein »Burenhäutl« (eine Art Brühwurst, gegessen mit süßem Senf, unbegreiflicherweise eine Wiener Spezialität, vor der ich warnen muss: wenn man an diese Wurst nicht von klein auf gewohnt ist, bezahlt man den Genuss mit mindestens einer Woche Badaufenthalt!) war schon nicht mehr drin. Ludwig hatte sich da schon etwas anderes erhofft: den roten Adlerorden zweiter Klasse oder so. Und dann schickt der ihm einen Ring Marke »Bijou Brigitte«! Ludwig muss außer sich gewesen sein.

Das passierte obendrein einem, der sich in Sachen Beziehung zum Staat immer korrekt gab, zum Beispiel, was die Steuer anging. Es gibt eine köstliche Steuererklärung von ihm aus dem Jahre 1818:

»Unterzeichneter genießt eine Einnahme von jährl. 1500, und hat außerdem nichts, wovon er Steuern zahlen müsste.

Wien am 15. Jänner

Ludwig van Beethoven«

Das Schlitzohr! Das war gerade mal der Betrag, den er vom Erzherzog Rudolph bekam. Dazu kamen 2900 von Kinsky und Lobkowitz plus die Einnahmen aus dem Verkauf seiner Werke (und Widmungen und Subskriptionen und Konzerte und und). Wir sehen: Beethoven war Rheinländer durch und durch!

Alles in allem hat Ludwig sich also ganz gut durchjongliert. Er hatte ein paar Aktien, die er für seinen Neffen Karl aufhob und die er nicht anrührte, lieber schrieb er – vor allem gegen Ende – Bittbriefe. So bat er die Londoner Philharmonische Gesellschaft (für die er die Neunte komponierte) um ein Benefizkonzert zu seinen Gunsten, die schickten ihm stattdessen 1000 Gulden (so in etwa um die 20.000 €), worüber er sich sehr freute. »Es war herzzerreißend ihn zu sehen, wie er seine Hände faltete und sich beinahe in Tränen der Freude und des Dankes auflöste«, schrieb Sebastian Rau an Ignaz Moscheles nach London.

Summa summarum: Beethoven lamentierte gerne

über seine finanzielle Situation, konnte sich aber ausgezeichnet helfen. Wirklich arm war er nie. Er hinterließ, nach dem, was wir heute wissen, ein Vermögen von ungefähr (mit Vorsicht zu genießen, weil die Umrechnerei sehr schwierig und immer ungenau ist) 145.000 Euro. Also nichts ist das nicht, oder?!

Vielleicht dachte er in den letzten zehn, fünfzehn Jahren seines Lebens, die geprägt waren von wirklichen finanziellen Engpässen, von Inflation und dem generellen Wandel der Zeiten nach Napoleon, tatsächlich, dass er verarme. Hörgeschädigte, geschweige denn Gehörlose, leiden ja nicht selten an zunehmendem Misstrauen Menschen gegenüber. Das nagende Gefühl, dass hinter deinem Rücken über dich geredet, gegen dich agiert wird, kann eine unglaubliche Belastung sein. Das kann natürlich auch zu Depressionen führen. Welcher Freiberufler kennt das nicht, das Gefühl, nicht zu wissen, woher morgen das Geld für ein Brötchen kommt? Mag es noch so übertrieben sein, es ist ein reales Gefühl. Sollte ausgerechnet Beethoven davon verschont geblieben sein? Ganz bestimmt nicht. Zumal es damals sicher schwerer war als heute, als Freiberufler zu überleben. Und mit dem Gefühl, dass die Kräfte nachlassen, steigt auch die Angst, nicht mehr für seinen Lebensunterhalt (und den des Neffen!) sorgen zu können.

Es gehört zu einer kleinen Ironie der Geschichte, dass ein paar Tage nach Beethovens Tod ausgerechnet eine Rechnung ins Haus flatterte, die Schindler bezahlte und quittieren ließ: »Der Fischhändlerin Theresia Ernest für dem Herrn Erblasser gelieferte Fische laut Quittung bezahlt: 2 Florin 11 Kreuzer«.

Wo unser Ludwig doch so gerne Fisch aß – offenbar über seinen Tod hinaus.

IV.

Beethoven zu Tisch

Womit wir beim Essen angelangt wären: Was hat er gerne gegessen? Und wie war sein Verhältnis zum Essen überhaupt? War er ein Gourmet, wie Puccini oder Rossini es waren? War er ein Kostverächter, also einer, der sich während des Komponierens gedankenlos irgendetwas zwischen die Zähne schob, damit das Knurren im Bauch aufhörte, das beim Komponieren so sehr stört? Oder war er eine Art Kantinenfeinschmecker, der isst, was auf den Teller kommt, Hauptsache, es macht satt?

Eigentlich nix von alledem: Beethoven hat gerne gegessen, er war sicherlich ein Durchschnittsesser, aber einer mit klaren Vorlieben. Er war ein Wirtshausesser, allerdings einer mit Eigenheiten. Ferdinand Ries erzählt:

»Beethoven war manchmal äußerst heftig. Eines Tages aßen wir im Gasthaus zum Schwanen zu Mittag; der Kellner brachte ihm eine unrechte Schüssel. Kaum hatte Beethoven darüber einige Worte gesagt, die der Kellner eben nicht bescheiden erwiderte, als er die Schüssel (es war ein sogenanntes Lungenbratel mit reichlicher Brühe) ergriff, und sie dem Kellner an den Kopf warf. Der arme Mensch hatte noch eine große Zahl Portionen verschiedener Speisen auf seinem Arm (eine Geschicklichkeit, welche die Wiener Kellner in einem hohen Grade besitzen) und konnte sich daher nicht helfen; die Brühe lief ihm das Gesicht herunter. Er und Beethoven schrien und schimpften, während alle anderen Gäste laut auflachten. Endlich brach auch Beethoven beim Anblick des Kellners los, da dieser die über das Gesicht triefende Sauce mit der Zunge aufleckte, schimpfen wollte, doch lecken mußte und dabei die lächerlichsten Gesichter schnitt. Ein eines Hogarth würdiges Bild.«

Und weiter:

»Beethoven kannte beinahe das Geld nicht, wodurch öfters unangenehme Auftritte entstanden, weil er, überhaupt mißtrauisch, häufig sich betrogen glaubte, wo es nicht der Fall war. Schnell aufgeregt nannte er die Leute geradezu Betrüger, welches bei den Kellnern oft durch ein Trinkgeld gut gemacht werden mußte. Endlich kannte man in den von ihm am meisten besuchten Gasthäusern seine Sonderbarkeiten und Zerstreuungen so, dass man ihm alles hingehen ließ, sogar, wenn er ohne Bezahlung sich entfernte.«

Fangen wir mal mit der Brotsuppe an, eine der Lieblingsspeisen unseres Serviettenträgers:

»Zu seinen Lieblingsgerichten gehörte auch eine Brotsuppe, breiartig gekocht, worauf er sich jeden Donnerstag schon zum Voraus freute. Dazu mussten ihm zehn ansehnliche Eier auf dem Teller präsentiert werden, welche er, bevor selbe in das Fluidum hineingerührt wurden, vorerst gegen das Licht prüfend sondierte, eigenhändig köpfte und, der Frische wegen, sorgfältig beschnüffelte. Wollte es nun das Fatum, dass er einige darunter mit dem sogenannten Strohgeruch aufstöberte, dann ging auch gleich der Spectacel los. Ein Donnerwort zitierte die Wirtschafterin vor Gericht, welche jedoch, wohl wissend, was die Glocke geschlagen, zwischen Tür und Angel dem Toben und Schelten nur ein halbes Ohr lieh und auf eine kluge Retraite [einen Rückzug] bedacht war, wenn herkömmlicherweise die Kanonade beginnen und die decapitierten maleficanten [die geköpften Übeltäter], gleich Bombenwürfen aus wohlbedienten Batterien, auf ihrem Rücken spielen und deren gelblich-weißes, klebriges Eingeweide in Lavaströmen darüber sich ergießen sollte.«

Soweit die Beschreibung eines Restaurantbesuchs mit Ludwig van Beethoven von Ignaz von Seyfried.

Was das Essen zu Hause anging, war er großzügig, vor allem wenn Gäste da waren, ließ er in der Regel zu viel kochen. Aber sich selbst gegenüber war er auch nicht kleinlich. Hier ein paar Menü-Folgen, wie sie sein Neffe Karl in die Konversationshefte geschrieben hat, ganz sicher von Ludwig diktiert:

Braune Suppe mit kleinen Knödeln.
3 Pfund Rindfleisch.
Spinat mit Pökelzunge
Klein Braten
(Mai 1824)

Lungenstrudel (vielleicht zur Suppe)
Rindfleisch mit Sauerampfer
Erdäpfel abgeschmelzt oder mit Sauce
Kälberner Brustkern oder Huhn gebraten
(September 1824)

Kerbelsuppe mit Markklößchen
Fleisch mit Sauerampfer
Weiße Rüben mit Schöpsen [Hammel] oder Carbonnade
(Rindsrouladen)
Hase
(September 1824)

Nudeln oder Reis mit Kalbfleisch
Fleisch mit Tomaten
Spinat mit Bratwürsten
Hahn
(Oktober 1824)

Es erinnert ein bisschen an Max Reger, der die Speisekarte las und dann zum Kellner sagte: »Sehr schön, bitte in dieser Reihenfolge!«

Unser Ludwig hat also ganz schön zugeschlagen, aber immer mit einem Auge auf Qualität. Karpfen, Hecht, Kälbernes, bœuf à la mode, das waren Beethovens Lieblinge, Lamm, Hammel, Schwein eher nicht. Gesottenes und Gedünstetes zog er Gebratenem vor, weil diese Speisen weniger fetthaltig waren. Bei den Mengen, die er verschlang, war es schließlich auch klug, auf die Abteilung »light« zu achten.

Wurde ihm ein Wunsch beim Essen erfüllt, konnte er rührend dankbar sein. So berichtete Moritz Schlesinger über seinen Besuch bei einem wütenden Ludwig 1819 in Mödling:

»Er sei der unglücklichste Mensch von der Welt; soeben komme er aus dem Wirtshause, wo er ein Stück Kälbernes, wozu er Lust verspürt, verlangt habe; aber es sei keines dagewesen … Ihn verlassend eilte ich in meinem Wagen zurück nach Wien, fragte sogleich meinen Wirtssohn, ob man einen Kalbsbraten fertig habe und auf dessen Bejahung ließ ich denselben auf eine Schüssel legen, wohl zudecken, und sandte, ohne ein Wort dazu zu schreiben, einen Mann in dem behaltenen Wagen nach Mödling, um ihn an Beethoven in meinem Namen zu bringen. Am anderen Morgen lag ich noch im Bette, da kam Beethoven zu mir, küßte und herzte mich und sagte, ich sei der beste Mensch, den er je angetroffen; nie habe ihn etwas so glücklich gemacht als dieses Kälberne in dem Augenblick, wo er sich so sehr danach gesehnt habe.«

Noch drei Jahre später schrieb Ludwig in einem Brief an Schlesinger:

»Von Herzen und danke ihm noch einmal für den kälbernen Braten, welchen er mir in Mödling zuschickte.«

Fisch war auch etwas, womit man ihn immer erfreuen konnte. »Brav, brav, hier seh' ich Fische! Ja, Fische esse ich gern!«, soll er frohlockt haben, als 1824 der englische Klavierbauer Stumpff bei einem gemeinsamen Abendessen Fisch auftischen ließ.

Und wie stand es mit seinen eigenen Kochkünsten? Dazu gibt es eine Geschichte, die vielen von uns wohl auch hätte passieren können. Fast jeder denkt ja von sich, dass er kochen kann, und was einem da als Gast manchmal zugemutet wird, geht auf keine Kuhhaut. Was sich aber Beethoven diesbezüglich geleistet hat, schießt den Vogel ab.

Um den ständigen Neckereien seiner Freunde ein Ende zu bereiten – er sei es ja selber schuld, wenn er so schlecht bekocht werde, lerne er endlich kochen, dann könne er selbst für Abhilfe sorgen –, lud er die ganze Mischpoke zu einem Abend ein, an dem er sie bekochen werde. Ignaz von Seyfried, der seit 1803 zu den Freunden gehörte, berichtet von diesem legendären Abend Folgendes, ich darf zitieren:

»Den Geladenen blieb nichts übrig, als in Erwartung der Dinge, die da kommen sollten, sich pünktlich einzustellen. Sie trafen ihren Wirth im Nachtjäckchen, das struppige Haupt mit einer stattlichen Schlafmütze bedeckt, die Lenden umgürtet mit einer blauen Küchenschürze, am Herde vollauf beschäftigt.

Nach einer Geduldprobe von mehr denn anderthalb Stunden, nachdem der Mägen ungestüme Forderungen kaum mehr durch cordiale Zwiegespräche beschwichtigt werden konnten, wurde endlich servirt. Die Suppe gemahnte an den in Gasthöfen der Bettlerzunft mild gespendeten Abhub; das Rindfleisch war kaum zur Hälfte gargekocht und für eine Straussennatur berechnet; das Gemüse schwamm gemeinschaftlich im

Wasser und Fett und der Braten schien im Schornstein geräuchert.

Nichts destoweniger sprach der Festgeber allen Schüsseln tüchtig zu, gerieth durch den zu erwartenden Beifall in einen so rosenfarbenen Humor, dass er sich selbst nach einer Person in der Burleske ›das lustige Beilager‹ den Koch Mehlschöberl titulierte, und suchte sowohl durch das eigene Beispiel, als durch unmässiges Anpreisen der vorhandenen Leckerbissen seine saumseligen Gäste zu animieren. Diese jedoch vermochten kaum nothdürftig einige Brocken hinabzuwürgen, beteuerten, bereits übersatt zu sein und hielten sich an ein gesundes Brot, frisches Obst, süßes Backwerk und unverfälschten Rebensaft. Glücklicherweise ennuyirte bald nach diesem denkwürdigen Gastgebot den Meister der Töne das Küchenregiment. Freiwillig legte er das Szepter nieder.«

Immerhin: Gemerkt hat er es dann schon, dass er da ein bisschen an der Wirklichkeit vorbei agiert hat, ein paarmal hat er noch als Mehlschöberl unterschrieben und das war's denn auch mit den Ausflügen in die Küche.

Am liebsten übrigens aß unser Ludwig Makkaroni mit Parmesan. Das war damals exotisch und deshalb eine teure Angelegenheit – so wie heute vielleicht Sushi oder Sashimi. Wenn ich mir vorstelle, dass der Chaotenkoch »Mehlschöberl« vielleicht auf die Idee kam, statt der dienstäglichen Brotsuppe mal Makkaroni zu essen, dann möchte ich die Küche gesehen haben, die er hinterlassen hat, hätte er die Nudeln selber gemacht. Oder wir stellen uns vor, es hätte damals schon Miracoli gegeben. Ludwig wäre so begeistert gewesen, dass er die Ode an die Freude wahrscheinlich spontan umgedichtet hätte:

»Hück ess' ich Miracoli mit

Butter un mit Parmesan

Dat schmeck lecker außerdem kütt

An de Rippe jot jet draan!«

So viel Rheinisch werden Sie können, um das übersetzen zu können, oder? Ich sehe ihn da stehen, Tomatenflecken auf dem lila Frack, mit dem Kochlöffel auf dem Nudelsieb den Takt schlagend und noch eine Knoblauchzehe in die Soße flitschend, wunderbar!

Dass er außerdem dem Wein ausgesprochen freundlich zusprach, wundert natürlich niemand bei einem Weinhändlersohn. Außerdem: Sollten die diversen Theorien stimmen, welche die Disposition für Sucht in den Genen vorgegeben sehen, dann hatte er mit der im Delirium verstorbenen Oma und dem nachts in Bonn krakeelenden Vater ja einiges an genetischem Gepäck zu tragen. Zwei Flaschen Weiß und eine Flasche Rot, täglich, dreißig Jahre lang, um nur einen Durchschnittswert zu nennen, war ungefähr die Strecke, allerdings: Wein hatte damals höchstens acht Umdrehungen, also da müssen wir schon ganz erheblich reduzieren. Dass sie damals den Wein mit Blei »klopffest« gemacht haben, das ging allerdings über den Wissenshorizont der Trinker. Na ja, Frostschutzmittel sind auch nicht das Feinste und obendrein nicht ungiftig. Oder Bananenschmodder, Wasser und getrocknetes Ochsenblut, aus dem Vino Ferrari in den 1960er Jahren roten Vino da tavola (in Drahtkästen und in 1½-Liter-Flaschen!) gemacht hatte (eklig, aber nicht giftig).

Es scheint wohl jedenfalls so zu sein, dass das Blei im Wein – die Menge an diversen ›Kaltgetränken‹, wie mein Freund Willi gerne sagt – den sich Ludwig im Laufe seines Lebens einschenkte, kombiniert mit einer colitis ulcerosa, einer chronischen Dickdarm-Entzündung (seit 1792 beklagte er sich Wegeler gegenüber über ständigen Durchfall und immer wieder über Bauchschmerzen), dazu führten, dass er schließlich starb. Die verheerenden Therapien der Ärzte aus entgegengesetzten Schulen unterstützten den Verfall nach Kräften: Der eine, Dr. Wawruch, beinahe homöopathisch orientiert, verschrieb Pflanzenextrakte, der andere, Dr. Malfatti, der Anhänger einer Reiztheorie, die besagte, dass man Kranke erregen muss, verschrieb dem Sterbenden Punschgefrorenes – und Beethoven war selig darüber, weshalb es ihm auch ein paar Tage lang besser ging.

Aber dann kam er doch, der Tod, am 26. März 1827 um 17 Uhr 45 – zwei Tage nachdem Ludwig ins Koma gefallen war. Und wenn wir schon jetzt von seinem Tod berichten, dann auch richtig. Thayer zitiert Anselm

Hüttenbrenner, einen österreichischen Komponisten und Musikkritiker, über die letzten Augenblicke, an denen Beethoven noch am Leben war:

»In den letzten Lebensaugenblicken Beethovens war außer der Frau v. Beethoven und mir niemand im Sterbezimmer anwesend. Nachdem Beethoven von 3 Uhr Nachmittag an, da ich zu ihm kam, bis nach 5 Uhr röchelnd im Todeskampf bewußtlos dagelegen war, fuhr ein von einem heftigen Donnerschlag begleiteter Blitz hernieder, und erleuchtete grell das Sterbezimmer (vor Beethovens Wohnhause lag Schnee). – Nach diesem unerwarteten Naturereignisse, das mich gewaltig frappirte, öffnete Beethoven die Augen, erhob die rechte Hand, und blickte mit geballter Faust mehrere Secunden lang in die Höhe mit sehr ernster drohender Miene, als wollte er sagen: ›Ich trotze euch feindlichen Mächten! Weichet von mir! Gott ist mit mir!‹ – Auch hatte es den Anschein, als wolle er wie ein kühner Feldherr seinen zagenden Truppen zurufen: ›Muth, Soldaten! Vorwärts! Vertraut auf mich! Der Sieg ist uns gewiß!‹ Als er die erhobene Hand wieder aufs Bett niedersinken ließ, schlossen sich seine Augen zur Hälfte. Meine rechte Hand lag unter seinem Haupte, meine Linke ruhte auf seiner Brust. Kein Athemzug, kein Herzschlag mehr! Des großen Tonmeisters Genius entfloh aus dieser Trugwelt ins Reich der Wahrheit! – Ich drückte dem Entschlafenen die halbgeöffneten Augen zu, küßte dieselben, dann auch Stirn, Mund und Hände. – Frau v. Beethoven schnitt auf mein Ersuchen eine Haarlocke vom

Haupt des Dahingeschiedenen, und übergab sie mir zum heiligen Angedenken an Beethovens letzte Stunde. Darauf eilte ich tief bewegt in die Stadt, theilte dem Herrn Tobias Haslinger die Nachricht von Beethovens Tode mit, und kehrte nach einigen Stunden in meine Heimath Steiermark zurück. –«

Wie das dann mit der Beerdigung und mit der beeindruckenden Grabrede von Franz Grillparzer (siehe Anhang) war, erspare ich Ihnen. Das können Sie woanders nachlesen, das steht quasi überall. Was aber nicht überall steht, ist, dass die Diener Beethoven zwei Tage nach seinem Tod einen Großteil seiner Locken abgeschnitten hatten (sie hatten sicher einen hohen Marktwert), und dass einer der Brüder vom Ludwig, Johann, brüllend durch die Wohnung stürmte, weil er die Aktien suchte, die Beethoven in einem Geheimfach versteckt hatte. Und das während noch der Leichnam des Meisters aufgebahrt war.

Der gierige Bruder aber fand sie nicht. Und das freut uns doch, oder?

V.

Der Mietnomade

Ludwig van Beethoven ist unglaublich oft umgezogen. Jeder Beethoven-Freund, der in Wien ist, möchte natürlich die Häuser sehen, in denen Beethoven – wenn auch oft nur für kurze Zeit – logiert hat. Als kleine Hilfe dafür also hier die chronologische Liste seiner Wohnungen in Wien, versehen mit den heutigen Adressen, soweit dies möglich ist (zitiert aus Kurt Smolle »Wohnstätten Ludwig van Beethovens von 1792 bis zu seinem Tod«, Beethovenhaus Bonn 1970):

November 1792 bis Anfang 1793:
Alstergasse Nr 45 Dachstübchen
Heute: Wien IX Alserstraße 30

Anfang 1793 bis Spätsommer 1794:
Alstergasse Nr 45 »auf der Erd« (Parterre)
Heute: IX. Alserstraße 30

Sommer 1794 bis Mai 1795:
Alstergasse Nr 45 1. Stock bei Fürst Lichnowsky
Heute: IX Alserstraße 30

Mai 1795 bis Februar 1796:
Kreutzgasse Nr 35 (Ogylvisches Haus 1. Stock)
Heute: I. Löwelstraße 6, Palais Montenuovo

Februar 1796 bis Mai 1799:
Wohnungen unbekannt

Mai 1799 bis Anfang 1800:
St. Petersplatz 3, Stock, Hausnr. unbekannt
Heute: I. Petersplatz

Anfang 1800 bis Frühling 1801:
Tiefer Graben »Greinersches Haus«
Heute: I. Tiefer Graben 10 (?)

Sommer 1800:
Unterdöbling Adresse unbekannt
Heute: XIX.

Frühling 1801 bis Mai 1802:
Wasserkunstbastei 1196 bzw 1275
Heute: I. Seilerstätte 15

Sommer 1801:
Hetzendorf Adresse unbekannt
Heute: XII.

Sommer 1802:
Heiligenstadt Herrengasse Nr 13

Heute: XIX. Probusgasse 6
(»Heiligenstädter Testament«!)

Sommer 1802 bis 7.4.1803:
Am St. Petersplatz »Zum silbernen Vogel«
Heute: I. Petersplatz (ungefähr) Nr 11

Zeitweilige Aufenthalte 1802/03:
Jedlesee Augasse 58 bei Gräfin Erdödy
Heute: XXI. Jeneweingasse 17

April 1803 bis Anfang 1804:
›Dienstwohnung‹ im Theater an der Wien
Laimgrube Nr. 26
Heute: VI. Linke Wienzeile 6

Sommer 1803:
Baden, wahrscheinlich bei Fam. Browne

Und Sommer 1803:
Oberdöbling Hofzeile Nr 4
Heute: XIX. Döblinger Hauptstraße 92 (»Eroicahaus«)

Mai 1804 bis Anfang Juli 1804:
Alservorstädter Glacis »Rothes Haus«
Heute: IX. Garnisongasse 11 (ungefähr) – Frankgasse

Juli 1804:
Baden Adresse unbekannt

Und Sommer 1804:
Oberdöbling Hofzeile Nr 4
Heute: XIX. Döblinger Hauptstraße 92

September 1804 bis Sommer 1808:
Mölkerbastei 1293 »Pasqualatihaus« 4. Stock
Heute: I. Mölkerbastei 8

Sommer 1805:
Hetzendorf Adresse unbekannt
Heute: XII.

Sommer 1807:
Baden »Johanneshof«
Heute: Baden Johannesgasse

Und Sommer 1807:
Heiligenstadt Adresse unbekannt
Heute: XIX.

Winter 1807/08:
Krugerstraße bei Gräfin Erdödy
Heute: I. Krugerstraße 10

Sommer 1808:
Heiligenstadt Kirchengasse 1. Stock
Heute: XIX. Grinzinger Straße 64

Und Spätsommer 1808:
Baden »Alter Sauerhof«
Heute: Baden Weilburgstraße

Herbst 1808 bis Frühjahr 1809:
Krugerstraße bei Gräfin Erdödy
Heute: I. Krugerstraße 10

Frühjahr 1809 bis 10. Juli 1809:
Walfischgasse 1191
Heute: I. ungefähr Walfischgasse 11 – Akademiestr.

Sommer 1809:
Baden »Alter Sauerhof«
Heute: Weilburgstraße

August 1809 bis Frühjahr 1810:
Klepperstall Nr 82
Heute: I. ungefähr Teinfaltstr.6 – Schreyvogelgasse 1

April 1810 bis Februar 1814:
Mölkerbastei »Pasqualatihaus« 4. Stock
Heute: I. Mölkerbastei 8

Sommer 1810:
Baden »Johanneshof«
Heute: Baden Johannesgasse

Sommer 1813:
Baden »Alter Sauerhof«
Heute: Baden Weilburgstraße

Februar 1814 bis Ende Juni 1814:
Mölkerbastei 94 1. Stock »Bartensteinsches Haus«
Heute: I. Mölkerbastei 10

Sommer 1814:
Baden »Johanneshof«
Heute: Baden Johannesgasse

November 1814 bis Frühling 1815:
Mölkerbastei »Pasqualatihaus« (letztmalig)
Heute: I. Mölkerbastei 8

Frühling 1815 bis April 1817:
Auf der Seilerstadt »Lambertisches Haus« 3. Stock
Heute: I. Seilerstätte 21 – Schwarzenbergstr. 1

Sommer 1815:
Baden »Johanneshof«
Heute: Baden Johannesgasse

Und Sommer 1815:
Unterdöbling An der Stiege Nr. 33 1. Stock
Heute: XIX. Silbergasse 4 – Nußwaldgasse 2

Sommer 1816:
Baden Alandgasse Nr 9 (Ossolynskisches Schloß)
Heute: Baden Braitnerstraße 26

Winter 1816 bis Anfang 1817:
Renngasse »Zum römischen Kaiser«
Heute: I. Renngasse 1

April 1817 bis Oktober 1817:
Landstraße 268
Heute: III. Landstraße – Hauptstraße 26

Sommer 1817:
Heiligenstadt Am Platz Nr 66 1. Stock
Heute: XIX. Pfarrplatz 2

Und Sommer 1817:
Nußdorf Nr 59 »Gfreinersches Haus«
Heute: XIX. Kahlenbergerstraße 26

Oktober 1817 bis Mai 1818:
Gärtnergasse Nr 26 1. Stiege 2. Stock
Heute: III. Gärtnergasse (ungefähr) Nr 5

Sommer 1818:
Mödling Herrengasse 76 »Hafnerhaus«
Heute: Mödling Hauptstraße 79

Sommer 1819:
Mödling Herrengasse 76 »Hafnerhaus«
Heute: Mödling Hauptstraße 79

Oktober 1819 bis Mai 1820:
Schwibbogengasse Nr 6 3. Stock
Heute: VIII. Auerspergstr. 3 – Trautsohngasse 2

Winter 1819/20 ebenfalls:
Ballgasse Nr. 986
Heute: I. Ballgasse 6

Sommer 1820:
Mödling Achsenaugasse Nr 116
Heute: Mödling Achsenaugasse 6

Vor dem 26.10.1820 (unbestimmt):
Alt-Lerchenfald Nr 8
Heute: VIII. Josefstädterstraße 57

Anschließend bis Frühling 1822:
Landstraße 244 2. Stock
Heute: III. Landstraße – Hauptstraße 60

Sommer 1821:
Unterdöbling An der Winterzeil Nr 11
Heute: XIX. Silbergasse 9

Und Sommer 1821:
Baden Rathausgasse Nr 94
Heute: Baden Rathausgasse 10

Sommer 1822:
Oberdöbling Alleegasse Nr 135
Heute: XIX. Pyrkergasse 13 (wahrsch. Gartenhaus)

Und Sommer 1822:
Landstraße Nr 244
Heute: III. Landstraße – Hauptstraße 60

September 1822:
Baden Wienergasse Nr 23
Heute: Baden Antonsgasse 4

Oktober 1822:
Baden Frauengasse Nr 85
Heute: Baden Frauengasse 10

Ende Oktober 1822 bis 17. Mai 1823:
Obere Pfarrgasse Nr 60
Heute: VI. Laimgrubengasse 22

Sommer 1823:
Hetzendorfer Hauptstraße Nr 32
Heute: XII. Hetzendorferstraße 75 a

Und Sommer 1823:
Baden Rathausgasse Nr 94
Heute: Baden Rathausgasse 10

Oktober 1823 bis Mai 1824:
Landstraße Nr 323 Ecke Bockgasse Nr 5 / Ungargasse
Heute: III. Ungargasse 5 – Beatrixgasse 8

Sommer 1824:
Penzing Parkstraße Nr 43
Heute: XIII. Hadikgasse 62

Und Sommer 1824:
Baden »Schloß Gutenbrunn«
Heute: Baden Sanatorium Gutenbrunn Peregrinistraße

November 1824 bis April 1825:
Johannesgasse 969 4. Stock
Heute: I. Johannesgasse 1 Ecke Kärntnerstr. 33

18. April 1825 bis vor dem 6. Mai 1825:
Krugerstraße 1009
Heute: I. Krugerstraße 13

Sommer 1825:
Baden »Schloß Gutenbrunn«
Heute: Baden Sanatorium Gutenbrunn Peregrinistraße

15. Oktober 1825 bis 26. März 1827 (Tod):
Alsergrund Nr 200 »Altes Schwarzspanierhaus«
Heute: IX. Schwarzspanierstraße 15

29. September 1826 bis 1. Dezember 1826:
Gneixendorf »Wasserhof«
Heute: Gneixendorf, Niederösterreich

Na, ist das eine Liste? Wer so oft umzieht, kann natürlich keine gediegene Einrichtung brauchen. Tatsächlich hat er sogar den Flügeln, die er brauchte, die Beine abmontiert: Sie lagen meistens einfach auf dem Boden. Und Möbel kaufte er am liebsten beim Trödler. Was heißt Möbel? Die paar Stühle und Tische, derer er bedurfte.

Bettina von Arnim beschrieb die Inneneinrichtung so:
»Seine Wohnung ist ganz merkwürdig: im ersten Zimmer zwei bis drei Flügel, alle ohne Beine auf der Erde liegend, Koffer, worin seine Sachen, ein Stuhl mit drei Beinen; im zweiten Zimmer sein Bett, welches winters wie sommers aus einem Strohsack und dünner Decke besteht, ein Waschbecken auf einem Tannentisch, die Nachtkleider liegen auf dem Boden ...«

Und Baron Trémont beschreibt es nach seinem Besuch 1809 bei Beethoven noch drastischer:
»Stellen Sie sich das Unsauberste und Unordentlichste vor: Wasserlachen bedeckten den Boden; ein ziemlich alter Flügel, auf dem der Staub mit Blättern

voll geschriebener oder gedruckter Noten um den Platz stritt. Darunter – ich übertreibe nichts – ein noch nicht geleertes diskretes Gefäß ... Die Stühle hatten alle Strohsitze und waren mit Kleidungsstücken und Tellern voller Reste vom Abendessen des vorhergehenden Tages bedeckt.«

Wie so ein Umzug (konkret der im Frühjahr 1818 nach Mödling, Hauptstraße Nr 79) sich vollzog, beschreibt Ignaz Ritter von Seyfried:

»Einmal mietete Beethoven sich in die österreichische Schweiz, um den pittoresken Briel recht nach Herzenslust zu genießen. Es wurde also ein vierspänniger Lastwagen mit wenig Mobilien zwar, dagegen aber mit einer ungeheuren Wucht von Musikalien befrachtet; die thurmhohe Maschine setzte sich langsam in Bewegung, und der Besitzer dieser Schätze marschierte seelenvergnügt, per pedes apostolorum voraus. Kaum außerhalb der Linien, zwischen blühenden, vom sanften Zephyr wellenförmig bewegt sich schaukelnder Kornfeldern, unter dem Jubelsang schwirrender Lerchen, die trillernd mit Wonnegenuß des lieblichen Lenzes ersehnte Ankunft feyerten, erwachte schon der Geist; Ideen durchkreuzten sich, wurden angesponnen, geordnet, mit der Bleyfeder notiert – und rein vergessen war nunmehr auch der Wanderung Zweck und Ziel. Die Götter wissen, wo sich unser Meister in der ganzen, langen Zwischenzeit herumgetrieben haben mag; genug, er langte erst mit einbrechender Dämmerung schweißtriefend, staubbedeckt, hungrig, durstig, todmüde in seinem erwählten Domizil an. Aber hilf Himmel! Welch gräßliches Spektakel wartete dort seiner. Der Fuhrmann hatte eine Schneckenfahrt vollendet, dem Patron aber dem er sich verdungen und welcher ihn auch bereits bezahlt, zwei Stunden vergebens erwartet. Unbekannt mit dessen Namen konnte auch keine Nachfrage stattfinden. Der Rossebändiger wollte wenigstens zu Hause schlafen – er machte aber kurzen Prozeß, lud den gesamten Transport frey auf dem Marktplatze ab und retournierte ungesäumt. Beethoven ärgerte sich vorerst tüchtig, dann brach er in schallendes Gelächter aus, dingte nach kurzer Überlegung ein halbes Dutzend gaffender Straßenjungen und hatte vollauf zu tun, um bis zum die Mitternachtsstunde verkündenden Nachtwächterrufe glücklicherweise bey Lunas Silberschein die Kinder seiner Phantasie noch unter Dach und Fach zu bringen ...«

Warum so viele Umzüge? Darüber gibt es viele Spekulationen, ich bin da mehr fürs Praktische. Beethoven hatte unter anderem eine recht eigentümliche Gewohnheit: Wenn er vom stundenlangen Komponieren »heißgelaufen« war, nahm er einfach einen Zuber Wasser und schüttete ihn sich über Kopf und Körper, ohne Rücksicht, ob was danebenläuft. Das gab natürlich Wasserlachen, um die er sich nicht kümmerte, weil er weiter komponierte. Folge: Es tropfte durch und schon war der Krach mit den Mietern unter ihm programmiert. Dass er natürlich auch nachts komponierte, improvisierte, spielte, sang und polterte: normal!

Außerdem: dauernd (lautstarker) Krach mit den Bediensteten, lautes Singen, nein, Johlen und Heulen in hoher Stimmlage beim Baden (quasi unter der Dusche, also da, wo jeder sein eigener Opernsänger ist!), laute Selbstgespräche (klar, er musste ja laut sprechen, er war ja schwerhörig) – all das hat die Nachbarn verstört, die ihn natürlich anmeckerten.

Wen wundert es da, dass ihm die meckernden Hausbewohner bald so auf die Nerven fielen, dass er wieder umziehen musste.

Fazit: Beethoven war ein unerträglicher Mieter, er ging allen auf den Geist, die um ihn herum wohnten, und weil sie sich nicht trauten, ihm Paroli zu bieten, wurde ihr Hals immer dicker. Er war ja ein arrivierter Promi, umso mehr waren die Wiener verwundert, in was für einem Messi-Haushalt er lebte. Die Möbel waren vom Sperrmüll und teilweise richtig versifft, die Wäsche war durcheinander und ungepflegt, er ging nicht zum Frisör, sondern ließ die Zotteln einfach wachsen, je älter er wurde (das Vernachlässigen der äußeren Gestalt ist übrigens ein typisches Zeichen von Depression!), desto ungepflegter sah er aus.

Graf Keglevics, ein Neffe einer der Beethoven-Schülerinnen, schrieb:

»Er hatte die Marotte – eine von vielen – dass er, da er vis-à-vis wohnte, im Schlafrock, Pantoffeln und Zipfelmütze zu ihr ging und ihr Lektionen gab.«

Das wäre – auch damals – in Paris zwar normal gewesen oder in Bordeaux, aber bitt' schön doch nicht in Wien!

Er kümmerte sich eigentlich nie darum, was er gerade anhatte. Das führte dazu, dass er manchmal – er ging ja täglich spazieren – im lila Frack und einem kecken gelben Zylinder auf dem Kopf vor sich hin brummend spazieren ging. Hinter ihm liefen die Kinder her und verspotteten ihn, was er – zum Glück – nicht mitbekam. Manchmal lief er vollkommen verlottert durch die Gegend. So wie er aus dem Bett stieg, lief er über die Wiesen und das so grob ungepflegt, dass ihm Freunde über Nacht oft neue, saubere Klamotten ans Bett legten, was er ebenfalls nicht merkte: Er zog dann das an, was da lag und schwebte plötzlich zum Staunen aller Nachbarn geschniegelt und gebügelt aus dem Haus.

Wo man hineinschaut ins Leben vom schrulligen Ludwig: Immer muss man auf Überraschungen gefasst sein. Was ein Wahnsinn! Ries erzählt zum Beispiel von einer ziemlich witzigen Seite Beethovens:

»Beethoven war in seinem Benehmen sehr linkisch und unbeholfen; seinen ungeschickten Bewegungen fehlte alle Anmut. Er nahm selten etwas in die Hand, das nicht fiel oder zerbrach. So warf er mehrmals sein Tintenfass in das neben dem Schreibpult stehende Clavier. Kein Möbel war bei ihm sicher, am wenigsten ein kostbares; alles wurde umgeworfen, beschmutzt und zerstört. Wie er es so weit brachte, sich selbst rasieren zu können, bleibt schwer zu begreifen, wenn man auch die häufigen Schnitte auf seinen Wangen dabei nicht in Betracht zog. – NACH DEM TAKTE TANZEN KONNTE ER NIE LERNEN.«

Der Hammer! Einer der größten Komponisten aller Zeiten konnte nicht im Takt tanzen. Ja gibt's denn so was! Das erinnert mich an eine Anekdote mit Albert Einstein: Er spielte ja Geige. Gut, dabei war er nicht gerade der Teilchenbeschleuniger, aber er soll ganz passabel gespielt haben. Fritz Kreisler, der große Geiger, war mit ihm befreundet und immer, wenn Kreisler in den USA war, traf man sich und spielte ein bisschen Streichquartett. Nix Großes wie die Rasumowsky-Quartette, sondern schönen, leichten »Papa« Haydn. Man sitzt also, man spielt, jetzt ist das Menuett dran. Sie wissen schon: Dreivierteltakt. Schon nach ein paar Takten fliegt Einstein aus der Kurve. Noch mal. Wieder fliegt der Physiker aus der Kurve (vielleicht war die Noten-Gravitation dran schuld oder der Zeitunterschied) – Kreisler war größer als Einstein, das heißt, dass da die Zeit langsamer läuft und daraus ergeben sich relativistische Zeitverschiebungen zwischen der ersten und der zweiten Geige (die Einstein spielte, dass … keine Ahnung …).

Jedenfalls bricht Kreisler irgendwann verärgert ab und sagt zu Einstein: »Aber Herr Professor, bis drei werden Sie ja wohl noch zählen können!«

VI.

Ludwig und die Frauen

Es ist eine triviale Geschichte, dass Kreativität und Liebe – na ja, besser: Sexualität – eng miteinander in Verbindung stehen. Ich sage nur Kokoschka, Picasso, Wagner – um nur einige der großen Erotomanen zu nennen. Damit ist natürlich auch klar, dass da die Zeitgenossen (manchmal, auf jeden Fall aber die Nachfahren) gerne und oft auch lüstern hingucken. Da muss man nicht zur Generation »Daily Mirror« oder »Container-TV« gehören, Schadenfreude (ich sage nur: Dschungel-Camp) und Lüsternheit waren immer schon große Unterhaltungsmagneten. Wie war doch ein sehr bekannter Comedian enttäuscht, der auf der Bühne mit einem aufgeblasenen Phallus abgeschmackte Spielchen trieb, als ich ihm sagte, das habe schon Mick Jagger gemacht. Und der habe die Nummer von einem Berliner Varietékünstler geklaut, der die Phallus-Spiele (in kleinerer Ausgabe, damals gab es noch nicht so gewaltige Gebläse wie heute) um 1880 in anrüchigen Spree-»Theatern« dargeboten habe. Und dass selbst der nicht der Erfinder gewesen sei.

Solche erektiven Szenen wurden nämlich immer schon gespielt, im Barock extrem gepflegt auf Privatbühnen zum Räkeln (auch im extrem intimen Zuschauerraum gab's Sofas, Kissen und Ottomanen), im Mittelalter etwas derber – und was die kultivierten alten Römer bei ihren Saturnalien und die noch kultivierteren alten Griechen bei ihren dionysischen Festspielen alles auf die Bühne brachten, will man eigentlich so genau gar nicht wissen, es ist eh immer dasselbe. Was die großen Satiriker wie Juvenal, Petronius, Apuleius oder Aristophanes über erotische Ausschweifungen berichten und geißeln, spricht Bände, ist aber auch – ich gehöre ja auch zu den Neugierigen – sehr amüsant und dämpft etwas die Entrüstung, sollte man sie über die heutigen Zustände empfinden.

Ansonsten bleibt immer und gerade in diesem Bereich der Spruch: Schlimmer geht immer. Nun hat sich zwar die Technik der Arterhaltung um einige neue Möglichkeiten erweitert, ich sage nur »In-vitro-Zeugung«, aber Spaß haben wir doch alle nur an der hergebrachten Methode, insofern hat sich eben doch nix geändert. Wenn dann einer, der im Lichte der Öffentlichkeit steht oder gar noch zu den ganz Großen gehört, auch auf diesem Gebiet etwas zu bieten hat, weil er nicht immer die Vorhänge zuzog oder weil er Feinde hatte, die durch Schlüssellöcher spinxten, dann ist er reif fürs Lästern.

»Spinxen« ist übrigens ein eher abschätzig gemeintes rheinisches Wort für »verstohlen beobachten«, verewigt in einem klassischen Karnevalslied von Gerhard Jussenhoven, dem großen Kölner Komponisten. 1938 hat er dieses Lied geschrieben, Jupp Schlösser hat es gesungen und es ist, wie so oft, ein Karnevalslied mit politischem

Hintergrund, ein Lied gegen die Petzer, die der Gestapo jeden Verstoß meldeten:

Die hinger de Jadinge ston und spinxe
Dat sin die schläächste Minsche
Die dooge nix
Du kannst drop jon
Die hinger de Jadinge ston

Die hinter den Gardinen stehen und spinxen
(verstohlen beobachten)
Das sind die schlechtesten Menschen
Die taugen nichts
Du kannst drauf geh'n
Die hinter den Gardinen steh'n.

Der Text ist auch gleichzeitig ein gutes Beispiel für den Kölner Humor, der immer schon Freude daran hatte, wider den Stachel zu löcken und der somit auch nicht vor den Nazis zurückschreckte.

Doch zurück zum Spinxen, was das Privatleben unserer Komponisten angeht. Bei Bach gibt's da nicht viel zu berichten: Er war kaffeesüchtig und trank vorzugsweise Hefeschnaps, ansonsten hat er Babys gewickelt oder komponiert, manchmal auch beides gleichzeitig.

Mozart ist in Wahrheit auch nicht wirklich ergiebig in Sachen Liebesleben. Bei ihm allerdings ging die Neugier so weit, dass man den »braven« Mozart gar nicht mehr sehen will: den Mozart, der nicht hinter Rüschen und Kitteln her war (seit diesem unseligen Film »Amadeus« denkt das ja die ganze Welt), sondern der sich rührend um seine Konstanze gekümmert hat, die ja im Grunde permanent schwanger war; er hat an ihrem Bett gesessen und komponiert, während er auf die Wehen wartete, er hat sie an seinem Berufsleben Anteil nehmen lassen, ihr berichtet, geschrieben und erzählt. Dass er ab und zu fremdging, Billard spielte (und zwar mit Geldeinsatz), sich teuerste Klamotten gönnte etc. etc., na gut, aber der Luftikus und verantwortungslose Schwerenöter, den der Film uns vorgaukelt, war er nicht.

Das können Sie übrigens mit ganz viel Behagen in der umfangreichsten (circa 900 Seiten) Mozart-Biographie nachlesen, die aus der Hand eines Bonner Altphilologen stammt: Otto Jahn »W. A. Mozart«, von 1856–1859. (Es gibt preiswerte Nachdrucke bei www.zvab.de, der verführerischsten Seite im Netz, die ich kenne. Da gibt es über 50 Millionen antiquarische Bücher, Noten, Stiche zu erwerben, kurz, alles, was das Herz begehrt, und da ist natürlich auch Prof. Jahn bestens vertreten! Natürlich haben sich eine Reihe von Erkenntnissen verändert, sind dazugekommen oder neu aufgetaucht, aber so wie Jahn Mozart mit allen Belegen, derer er habhaft werden konnte, erzählt, so erzählt keiner. »Der Jahn« ist für Mozart dasselbe wie »Der Thayer« bei Beethoven. Tun Sie sich doch mal wat Jutes: Holen Sie sich »den Jahn« und »den Thayer« ins Haus, Sie werden es ganz bestimmt nicht bereuen.)

Bei Beethoven ist es in Sachen Verfälschung natürlich auch nicht anders. Nur liegt in diesem Fall das Vorurteil auf der anderen Seite: Er habe nur sein Ethos, seine hohe Moral, die Menschheit quasi, im Auge gehabt – so das Beethovenbild, das uns das 19. Jahrhundert überliefert hat.

Natürlich gibt es für diesen Blickwinkel tatsächlich passende Quellen bei unserem Ludwig. Und da kommt jetzt das sogenannte Heiligenstädter Testament zum Zuge, eines der klassischen Beethoven-Dokumente wie sein »Brief an die unsterbliche Geliebte«. Es ist ein Brief, den Beethoven am 10. Oktober 1802 an seine beiden Brüder schrieb, und ich muss ihn deshalb vollständig zitieren, weil Beethovens »Harthörigkeit« natürlich seinen Alltag, seine Persönlichkeit und sein Leben in Wien prägte. Zum Glück beeinträchtigte sie nicht seine Kreativität.

Der Arzt hatte ihm verschrieben, sich ein bisschen zurückzuziehen, was unser Ludwig auch brav tat, er ging nach Heiligenstadt. Keine besonders sinnvolle Entscheidung, wie man heute weiß: Wenn du gerade realisierst, dass du dein Leben lang krank sein wirst und dass du wahrscheinlich dein Gehör verlieren wirst, dann ist das ein idealer Nährboden für Depressionen. Wenn du dann auch noch in so einem gottverlassenen Ortsteil von Wien wie Heiligenstadt lebst, dann musst du seelisch schon sehr robust sein, um dir nicht die Kugel zu geben. Das nun tat unser Ludwig glücklicherweise nicht, aber er versank schon ein bisschen in Selbstmitleid, so sehr, dass er sich wie Münchhausen an den eigenen Haaren aus der Krise ziehen musste. Das allerdings tat er mit Erfolg, wie sein Brief an die Brüder, das »Testament«, zeigt (wobei er den Vornamen vom Johann offenbar nicht mehr wusste, aber den hatte er sowieso nicht besonders gern):

Für meine Brüder Carl und Beethoven.

O ihr Menschen die ihr mich für feindseelig störrisch oder misantropisch haltet oder erkläret, wie unrecht thut ihr mir, ihr wißt nicht die geheime Ursache von dem, was euch so scheinet, mein Herz und mein Sinn waren von Kindheit an für das zarte Gefühl des Wohlwollens, selbst große Handlungen zu verrichten dazu war ich immer aufgelegt, aber bedenket nur daß seit 6 jahren ein heilloser zustand mich befallen, durch unvernünftige Aerzte verschlimmert, von jahr zu jahr in der Hoffnung gebessert zu werden, betrogen, endlich zu dem Ueberblick eines dauernen Übels (dessen Heilung vielleicht jahre dauern oder gar unmöglich ist) gezwungen, mit einem feurigen lebhaften Temperamente gebohren, selbst empfänglich für die Zerstreuungen der Gesellschaft, mußte ich früh mich absondern, einsam mein Leben zubringen, wollte ich auch zuweilen mich einmal über alles das hinaussetzen, o wie hart wurde ich durch die verdoppelte traurige Erfahrung meines schlechten Gehörs dann zurückgestoßen, und doch war's mir noch nicht möglich den Menschen zu sagen: sprecht lauter, schreyt, denn ich bin taub, ach wie wär es möglich daß ich dann die

Schwäche eines Sinnes zugeben sollte, der bey mir in einem vollkommeneren Grade als bey andern seyn sollte, einen Sinn den ich einst in der größten Vollkommenheit besaß, in einer Vollkommenheit, wie ihn wenige von meinem Fache gewiß haben noch gehabt haben – o ich kann es nicht, drum verzeiht, wenn ihr mich da zurückweichen sehen werdet, wo ich mich gerne unter euch mischte, doppelt wehe thut mir mein Unglück, indem ich dabey verkannt werden muß, für mich darf Erholung in menschlicher gesellschaft, feinere unterredungen, wechselseitige Ergießungen nicht statt haben, ganz allein fast nur so viel als es die höchste Nothwendigkeit fordert, darf ich mich in gesellschaft einlassen, wie ein Verbannter muß ich leben, nahe ich mich einer Gesellschaft, so überfällt mich eine heiße Aengstlichkeit indem ich befürchte in Gefahr gesetzt zu werden, meinen Zustand merken zu lassen – so war es denn auch dieses halbe jahr, was ich auf dem Lande zubrachte, von meinem vernünftigen Arzte aufgefordert, so viel als möglich mein Gehör zu schonen, kam er fast meiner jetzigen natürlichen disposizion entgegen, obschon, vom Triebe zur Gesellschaft manchmal hingerissen, ich mich dazu verleiten ließ, aber welche Demüthigung wenn jemand neben mir stund und von weitem eine flöte hörte und ich nichts hörte oder jemand den hirten singen hörte, und ich auch nichts hörte, solche Ereignisse brachten mich nahe an Verzweiflung, es fehlte wenig, und ich endigte selbst mein Leben – nur sie die Kunst, sie hielt mich zurück, ach es dünkte mir unmöglich, die Welt eher zu verlassen, bis ich das alles hervorgebracht wozu ich mich aufgelegt fühlte, und so fristete ich dieses elende Leben – wahrhaft elend, einen so reizbaren Körper, daß eine etwas schnelle Veränderung mich aus dem besten Zustande in den schlechtesten versetzen kann – Geduld – so heißt es, sie muß ich nun zur Führerin wählen, ich habe es – dauernd hoffe ich soll mein Entschluß seyn auszuharren, bis es den unerbittlichen parzen gefällt, den Faden zu brechen, vielleicht geht's besser, vielleicht nicht, ich bin gefaßt – schon in meinem 28. jahr gezwungen Philosoph zu werden, es ist nicht leicht, für den Künstler schwerer als für irgend jemand – Gottheit du siehst herab auf mein inneres, du kennst es, du weist, daß menschenliebe und neigung zum wohlthun drin hausen. O Menschen, wenn ihr einst dieses leset, so denkt, daß ihr mir Unrecht gethan, und der Unglückliche, er tröste sich, einen seines Gleichen zu finden, der trotz allen hindernissen der Natur, doch noch alles gethan, was in seinem Vermögen stand, um in die Reihe würdiger Künstler und Menschen aufgenommen zu werden – ihr meine Brüder Carl und sobald ich tod bin und professor Schmid lebt noch, so bittet ihn in meinem Namen, daß er meine Krankheit beschreibe, und dieses hier geschriebene Blatt füget ihr dieser meiner Krankengeschichte bei, damit wenigstens so viel als möglich die Welt nach meinem Tode mit mir versöhnt werde – Zugleich erkläre ich euch beyde hier für die Erben des kleinen Vermögens, (wenn man es so nennen kann) von mir, theilt es redlich, und vertragt und helft euch einander, was ihr mir zuwider gethan, das wißt ihr, war euch schon längst verziehen, dir Bruder Carl danke ich noch ins besondere für deine in dieser leztern spätern Zeit mir bewiesene Anhänglichkeit. Mein Wunsch ist, daß euch ein besseres sorgenloseres Leben, als mir, werde, empfehlt euren Kindern Tugend, sie nur allein kann glücklich machen, nicht Geld, ich spreche aus Erfahrung, sie war es die mich selbst im Elende gehoben, ihr danke ich nebst meiner kunst, daß ich durch keinen selbstmord mein Leben endigte – Lebt wohl und liebt euch – allen Freunden danke ich, besonders Fürst Lichnowski und Professor Schmidt – die Instrumente von Fürst L. wünsche ich, daß sie doch mögen aufbewahrt werden bey einem von euch, doch entstehe deswegen kein Streit unter euch, sobald sie euch aber zu was nützlicherm dienen können, so verkauft sie nur, wie froh bin ich, wenn ich auch noch unter meinem Grabe euch nützen kann – so wär's geschehen – mit freude eil ich dem Tode entgegen – kommt er früher als ich gelegenheit gehabt habe, noch alle meine Kunst-Fähigkeiten zu entfalten, so wird er mir trotz meinem harten Schicksal doch noch zu frühe kommen, und ich würde ihn wohl später wünschen – doch auch dann bin ich zufrieden, befreit er mich nicht von einem endlosen leidenden Zustande? – komm wann du willst, ich gehe dir muthig entgegen – Lebt wohl und vergeßt mich nicht ganz im Tode, ich habe es um euch verdient, indem ich in meinem Leben oft an euch gedacht, euch glücklich zu machen, seyd es –

Heligenstadt

am 6. October

1802

Ludwig van Beethoven.

*Für meine Brüder
Carl und
nach meinem Tode zu lesen und zu
vollziehen. –*

*Heiligenstadt am 10. Oktober 1802 so nehme ich denn
Abschied von dir – und zwar traurig – ja die geliebte Hoffnung – die ich mit hieher nahm, wenigstens bis zu einem
gewissen Punkt geheilet zu seyn – sie muß mich nun gänzlich verlassen, wie die Blätter des Herbstes herabfallen,
gewelkt sind, so ist – auch sie für mich dürr geworden, fast
wie ich hierher kam – gehe ich fort – selbst der hohe Muth –
der mich oft in den schönen Sommertägen beseelte – er ist
verschwunden – O Vorsehung – laß einmal einen reinen Tag
der Freude mir erscheinen – so lange schon ist der wahren
Freude innigerer Widerhall mir fremd – o wann – o wann o
Gottheit – kann ich im Tempel der Natur und der Menschen
ihn wieder fühlen – Nie? nein – o es wäre zu hart.*

Na, da haut er rein, unser Ludwig, was? Im Ernst: So einen Brief sollte man nur im Sommer oder Frühling lesen und auf keinen Fall auf einem Kreuzfahrtschiff oder
im November in Venedig – um Gottes willen!

Verzweiflung springt uns daraus an, Suizidgedanken,
kein Wunder, fragen Sie Gehörlose, die können Ihnen
davon ein Lied singen. Heute wäre das so: Krankschrei-
bung, stationärer Aufenthalt in der Klinik, Ohren-Ope-
ration, gegen die Depressionen gibt's dann was von der
Pharmaindustrie (damals gab's höchstens Johannis-

kraut) – und weil das alles heftigste Nebenwirkungen hat, bist du für den Rest des Lebens Frührentner und fertig ist die Laube.

Dinge, die Beethoven geholfen haben, sind heute nicht mehr so angesagt: Selbstdisziplin und sich mit Begeisterung in die Arbeit stürzen. Dazu muss man kein Komponist sein, das kann man auch, wenn man beim Einwohnermeldeamt angestellt ist, zuständig für die Buchstaben X – Z! Das Heiligenstädter Testament deutet es ja schon an: Er wusste ziemlich genau, wie es um ihn steht, und er (auch einige seiner Freunde) wusste, dass seine Depressionen, seine Missgelauntheit, seine »Misanthropie« (ein großes Wort für einen Griesgram, meinen Sie nicht auch?) mit der Schwerhörigkeit zu tun hatten und dass man dagegen halt etwas tun musste.

Beethoven hat sich mit einem unglaublich stabilen Tagesablauf geholfen – abgesehen davon, dass er wie ein Strohballen sein Leben lang für die Musik gebrannt hat, für die Kunst, auch weil er wusste, dass er ein Genie ist. Bei allen chaotischen Seiten, die er hatte, was seinen Haushalt, seine Dienerschaft, seine Wohnungen anging, war er von geradezu eiserner Disziplin, was seine Arbeit, das Komponieren, anging. Er war eben nur in äußeren Dingen schlampig, nicht bei der Arbeit.

Schindler beschreibt den Tagesablauf unseres Ludwigs so:

»In jeder Jahreszeit stand Beethoven mit Tagesanbruch auf, um sogleich an den Schreibtisch zu gehen.

So arbeitete er bis 2 oder 3 Uhr, die Stunde seines Mittagstisches. In der Zwischenzeit lief er meist ein- oder zweimal ins Freie, wo er ebenfalls ›spazieren arbeitete‹ ... Die Nachmittage waren zu regelmäßigen Spaziergängen bestimmt; zu späterer Stunde pflegte er ein bevorzugtes Bierhaus aufzusuchen, um die Tagesliteratur zur Hand zu nehmen ... Die Winterabende verbrachte Beethoven stets zu Hause, sie waren der ernsten Lektüre gewidmet. Nur selten sah man ihn abends mit Notenschrift beschäftigt, weil diese zu angreifend für seine Augen waren ... Längstens um 10 Uhr begab er sich zur Ruhe.«

Da sehen Sie auf einen Blick, wie der Herr Schindler, der glaubte, er habe das Monopol an der Biographie Beethovens, sich bemüht, ein idealisiertes Bild von Beethoven zu malen. Er erzählt nichts von den nächtlichen Kompositionsorgien, kein Wort von den nächtlichen Duschen, dem berühmten Kübel Wasser über den Kopf, der die Nachbarn unter ihm so erfreute.

Diese »Eskapaden« waren allerdings keine Früchte von Alkoholexzessen, wie man meinen könnte, sondern einfach Arbeitswut in ihrer reinsten Form. Alkoholexzesse wie bei Mussorgsky oder anderen kennen wir bei Beethoven nicht. Alle Freunde und Zeitzeugen berichten, dass er täglich und gut getrunken hat, dass es aber keine Besäufnisse wie bei seinem Vater Johann gegeben hat. Beethoven war disziplinierter Gesellschaftstrinker, ich scheue sogar das Wort »Spiegeltrinker«, weil das voraussetzt, dass er alkoholkrank gewesen wäre. Und immer, wirklich immer, hat er sein Notizbüchlein dabeigehabt, in das er seine Einfälle schrieb: im Wald beim Spaziergang, mitten in der Nacht, überall. Gerhard von Breuning erzählte er:

»Ich trage solch ein Heft immer bei mir, und kommt mir ein Gedanke, so notiere ich ihn gleich. Ich stehe selbst des Nachts auf, wenn mir etwas einfällt, da ich den Gedanken sonst vergessen möchte.«

Wenn man das Heiligenstädter Testament kennt, braucht es nicht mehr viel, um zu verstehen, wie er so war. Der Brief erklärt aber auch, warum man bei Beethoven vor allem das Leiden des Genies, das Ringen mit seinem Schicksal, den übergroßen Ernst in Erinnerung behielt. Da hat kaum noch einer gewagt, einen Blick auf die Liebe, die Erotik, ja die Sexualität bei Beethoven zu wagen, also in sein Liebesleben zu »spinxen«.

Und doch gibt es da das ein oder andere zu entdecken. Er war tatsächlich ein kleiner Schwerenöter, seinem Testosteron-Pegel immer wieder ausgeliefert. Nur war damals nicht mehr die Zeit des Rokoko, in der man dies alles einfach so hätte ausleben können – zumindest falls man von Adel war. Ein göttlicher Einfall wie der von Rousseau, bei Tisch die Muschis der Damen sich miteinander unterhalten zu lassen, wäre 1802 nicht mehr zu veröffentlichen gewesen, es sei denn, unter dem Ladentisch.

»Neue Prüderie« war angesagt (so hätte wohl »Der Spiegel« getitelt, hätte es ihn damals schon gegeben), das

Leiden an der Liebe – ich sage nur: Novalis, der Weltmeister im »An der Liebe leiden« – und damit ein neues Zeitalter in Sachen Liebesangelegenheiten. Es kam nur noch die Liebesheirat in Frage, die »Vernunftehe«, die vielleicht nicht schön war, aber oft ein Leben lang prima gehalten hat, geriet ins Hintertreffen und der Blütenkranz der reinen Liebe wurde hoch gehängt bis auf das Dach der Gartenlaube (falls Sie diese unerträglich kitschigen Liebesgeschichten kennen, die in der »Gartenlaube« abgedruckt waren).

Beethoven befand sich also wie eigentlich alle damals (und oft genug auch heute) zwischen Skylla und Charybdis, den beiden Felsen der Meerenge von Messina, durch die Odysseus steuern musste und die ein Sinnbild sind für den Konflikt zwischen hehrer Liebe und ihren körperlichen »Schattenseiten«, wie mir die Franziskaner im Religionsunterricht erzählten. Dass beides zusammengehört, war damals nicht wirklich im Fokus.

Beethoven hat jedenfalls zeitlebens darunter gelitten, dass er die hehren Ideale nicht leben konnte. Aber da sind wir schon mittendrin im Thema: Unser Ludwig und die Frauen!

Ich meine: Pockennarben, aufbrausendes Temperament, Jähzorn, braune Hautfarbe, der »Spagnol«, eine geradezu animalische Ausstrahlung, die ihm viele Männer geneidet haben – wir wissen ja inzwischen, wo das herkommt: Testosteron ohne Ende. Hören Sie sich nur den letzten Satz der Mondscheinsonate an – dann wird alles klar. Die Mondscheinsonate ist ohnehin *die* Testosteron-Hymne schlechthin: Das Tempo steigert sich von Satz zu Satz, den wundervollen zweiten Satz brauchen wir zum Herzen-Erobern und der ungestüme, unglaublich drängende dritte Satz – ich denke, Sie wissen Bescheid!

Beethoven war also zeitlebens kein Kind von Traurigkeit. Schon in Bonn hatte er so einige Herzen gebrochen: Eleonore von Breuning (da bekam er, glaube ich, gar nicht mit, dass er ihr Herz gebrochen hatte, das merkte er erst Jahrzehnte später) und vor allen Dingen Magdalena Willmann, Sopranistin, ein »Stimmphänomen«, wie die »Musik in Geschichte und Gegenwart« schreibt. Sie war vor allem die einzige, die wahre, the one and only Braut von Ludwig van Beethoven.

Na, ist das der Hammer? Haben Sie das gewusst? Beethoven verlobt? Ja, Jubel und Tusch, es stimmt. Zumindest wollte er sich verloben! Mit Magdalena Willmann!

Ludwig lernte sie in Bonn kennen, wo sie ihre Stimmausbildung erhielt und sang, während Ludwig unten im Graben die Bratsche hobelte und alle Augen auf die Schöne gerichtet hatte. Thayer beschreibt die Geschichte so:

»Der Leser wird sich aus dem ersten Bande erinnern, daß die schöne, talentvolle und wohl ausgebildete Magdalena Willmann eingeladen worden war, in Venedig während des Karnevals von 1794 zu singen, und daß sie in dem vorhergehenden Sommer mit ihrem Vater Max und seiner zweiten Gattin aus Bonn abgereist war, um jenem Engagement zu folgen. Nachdem sie Venedig verlassen, gab sie am 30. Juli (nach dem Berichte der Rheinischen Musen) ein Konzert in Graz und reiste hierauf nach Wien. Max und seine Gattin wurden von Schikaneder engagiert und blieben in Wien, während Magdalene nach Berlin ging. Da sie dem dortigen Opernpublikum nicht gefiel [im Musiklexikon von Ernst Ludwig Gerber steht, dass die Berliner ihre ›wundervollen, tiefen Töne ausgelacht‹ haben!], kehrte sie nach Wien zurück und wurde bald an der Hofoper engagiert, um sowohl deutsche als italienische Partien zu singen. Beethoven erneuerte seinen Verkehr mit Willmanns und wurde in kurzem durch die Reize der schönen Magdalene in so hohem Grade gefesselt, dass er ihr seine Hand anbot – eine Tatsache, welche dem Verfasser dieses Buches von einer Schwester Magdalene Willmanns mitgeteilt wurde, die im Jahre 1860 noch lebte und ihren Vater oft darüber hatte sprechen hören. Auf die Frage, warum Magdalene auf den Antrag Beethovens nicht eingegangen sei, schwankte Frau S. einen Augenblick und antwortete dann lachend: ›weil er so häßlich war, und halb verrückt!‹ Im Jahre 1799 heiratete Magdalene einen gewissen Galvini; doch ihr Glück war ein kurzes; sie starb schon Ende 1801.«

Tja, vielleicht hätte sie doch das Werben des halb Verrückten erhören sollen?

Dann hätten wir noch *dat Stinchen,* Christine Gerhardi, auch eine Sängerin (Beethoven war da sehr empfänglich!). Leopold von Sonnleitner schreibt über sie:

»Sie war die Tochter eines Hofbeamten Kaiser Leopolds II. Der Vater war nebst seiner Familie aus Toscana nach Wien gekommen, als Leopold II. durch den Tod Josephs II. zum Throne berufen wurde. Die Tochter war eine ausgezeichnete Sängerin, blieb stets nur Dilettantin und sang vorzüglich in Konzerten zu wohlthätigen Zwecken (deren sie selbst veranstaltete) oder für ausgezeichnete Künstler. Der alte Professor Peter Frank war Director des allgemeinen Krankenhauses in Wien, in dessen Nähe (Alserstraße, jetzt 20) er wohnte. Er war ein großer Liebhaber der Musik, noch mehr war aber dies sein Sohn Dr. Joseph Frank, der sich auch selbst in der Composition versuchte, und bei seinem Vater häufige musicalische Soireen veranstaltete, an welchen auch Beethoven und Fräulein Gerardi Theil nahmen, und dabei sangen und spielten. Zu den Namenstagen und Geburtstagen des alten Frank komponierte der Sohn öfters Cantaten, die Beethoven korrigirte, und wobei Frl. Gerardi die Sopran-Solos sang. Manchmal wurden sogar Opernscenen im Garten dargestellt, und mein noch lebender 86 Jahre alter Freund Schönauer war dabei zugegen, als sie eine Szene aus *Gli Orazi ed i Curiazi* von Zingarelli im römischen Costüme sang und spielte. Sie war damals die berühmteste Gesangsdilettantin in Wien, und da Haydn sie gut kannte, so ist nicht zu zweifeln, daß er bei der Composition der

Schöpfung an sie dachte; sie sang auch wirklich sowohl bei Schwarzenberg als auch bei der ersten Aufführung im Burgtheater den Sopran-Part mit großem Beifalle. – Aus allen Nachrichten geht hervor, daß sie mit Beethoven bei dem alten Frank oft zusammenkam, wo er auch manchmal am Klavier ihren Gesang begleitete. Unterricht hat er ihr nicht ertheilt.«

So weit, so gut. Aber: Da gibt es zwei Briefe von unserm Ludwig, die erzählen eine andere Geschichte. Das kann man an ihrem veränderten Ton sehr genau spüren: erst förmlich und dann doch um einiges vertrauter. Aber bilden Sie sich selbst ein Urteil:

A Mademoiselle
de Gerardi.
Meine liebe Fräulein G., ich müßte lügen, wenn ich Ihnen nicht sagte, daß die mir eben von Ihnen überschickten Verse mich nicht in Verlegenheit gebracht hätten, es ist ein eigenes Gefühl sich loben zu sehen, zu hören und dann dabei seine eigene Schwäche fühlen, wie ich: solche Gelegenheiten betrachte ich immer als Ermahnungen, dem unerreichbaren Ziele, das uns Kunst und Natur darbeut, näher zu kommen, so schwer es auch ist. – Diese Verse sind wahrhaft schön bis auf den einzigen Fehler, den man zwar schon gewohnt ist bei Dichtern anzutreffen, indem sie durch die Hülfe ihrer Phantasie verleitet werden, das was sie wünschen zu sehen und zu hören, wirklich hören und sehen, mag es auch weit unter ihrem Ideale zuweilen sein. Daß ich wünsche den Dichter oder die Dichterin kennen zu lernen können Sie wohl denken

und nun auch Ihnen meinen Dank für Ihre Güte, die Sie haben
für Ihren Sie verehrenden
L. v. Beethoven.

Liebe Chr. sie haben gestern etwas hören lassen wegen des Conterfeis von mir. – ich wünschte, daß sie dabei doch etwas behutsam verführen – ich fürchte, wenn wir das zurückschicken von der Seite der F. wählen, so mögte vieleicht der fatale B. oder der erzdumme Joseph sich hinein mischen, und dann mögte das Ding noch auf eine Chikane für mich gemüntzt werden, und das wär wirklich fatal ich müßte mich wieder wehren, und das verdient den noch die ganze populasse nicht – suchen sie das Ding zu erwischen so gut als sichs thun läßt, ich versichere sie daß ich hernach alle Maler in der Zeitung bitten werde, mich nicht mehr ohne mein Bewußtsein zu malen, dachte ich doch nicht, daß ich durch mein eigenes Gesicht noch in Verlegenheit kommen könne. Wegen der Sara wegen des Hutabziehens, das ist gar zu dum und zugleich zu unhöflich, als daß ich so etwas wagen könnte, erklären sie ihr doch die Rechte des spatzierengehens, –
Adie hol sie der Teufel.

Was meinen Sie? Der zweite Brief klingt doch (nicht mit heutigen Augen, mit damaligen gelesen), als wären sich die beiden zwischen Brief 1 und Brief 2 ganz erheblich näher gekommen, oder?
   Wie auch immer: Wir gönnen ihm alles!

Und wir ahnen: Beethoven war mehr oder weniger ständig verliebt. Vielleicht ging es ihm so wie vielen Männern: Sobald ihn eine Frau, zumal eine schöne, auch nur ein bisschen intensiver anlächelte oder auch nur anschaute, war er erst mal hin und weg. Ich könnte mir das deshalb gut vorstellen, weil er nicht zu den Machos gehörte, die mit allen gesellschaftlichen und erotischen Wassern gewaschen waren und die Damenherzen mit ihrer geschliffenen Galanterie à la Casanova erobern konnten. Unser Ludwig war eher ein Rohdiamant, der eroberungswilligen Frauen gestaltungsfähig erschien, wenn man ihn nur zähmen kann. Außerdem, was Johannes Heesters sang, galt auch damals schon:

Man müßte Klavier spielen können,
Wer Klavier spielt hat Glück bei den Fraun.
Weil die Herrn, die Musik machen können,
Schnell erobern der Damen Vertraun.
Der Klang des bespielten Klavieres
Wirkt auf jede erregend wie Sekt,
Und ihre geheimsten Gefühle
Werden piano doch forte geweckt.

Dem Manne, der das kann, macht sie Avancen,
Er wird von ihr mit Zärtlichkeit belohnt.
Die andern Männer haben keine Chancen,
Sie schaun aufs Instrument und in den Mond.
Man müßte Klavier spielen können,
Wer Klavier spielt hat Glück bei den Fraun,

Denn nur er kann mit Tönen
Den lauschenden Schönen
Ein Luftschloß der Liebe erbau'n.

Weil ein Komponist und Pianist damals viel in Adelshäusern unterwegs war und an jeder Ecke Frauen herumstanden, die ihm lauschen wollten – Verheiratete, Unverheiratete, solche mit gutem Ruf und solche mit etwas lockererem Ruf –, war die Versuchung natürlich groß. Andererseits waren das alles Mädels, die in starken gesellschaftlichen Zwängen lebten, eine Alma Mahler-Werfel war da nicht dazwischen.

Also verliebte sich unser Ludwig immer wieder neu, er widmete Sonaten, er gab Unterricht – wenn auch ungern. Kann man ja auch verstehen: Ein Abschieds- oder Begrüßungskuss dauert vielleicht 10 Sekunden, eine Unterrichtsstunde 40 bis 50 Minuten, da war das Preis-Leistungs-Verhältnis sehr ungünstig, wenn man wegen eines flüchtigen Kusses unterrichten soll.

Scherz beiseite: Unser Ludwig bewegte sich in einer ziemlich geschlossenen Gesellschaft, da gab's keine Libertinage. Was den jungen Mann aber nicht hinderte, sich immer wieder in Frauen zu verlieben, bei denen es keine, aber auch absolut keine Hoffnung auf »Erfolg« gab. Entweder weil sie verheiratet waren oder weil sie sonst wie in festen Händen waren. Das war zum Beispiel das Problem bei Teresa Malfatti, bei Giulietta Guicciardi, hinter der halb Wien her war, und auch bei Josephine Brunsvik, später verehelichte Deym. Bei aller

Liebe: Da war nix zu machen und beim »Phinchen«, der er ja wahrscheinlich den »Brief an die Unsterbliche Geliebte« geschrieben hat, war er selbst zwar in Liebe entbrannt, musste sich aber irgendwann eingestehen, dass das wohl nicht auf Gegenseitigkeit beruhte.

Manche Frauen waren ihm aber auch nicht standesgemäß genug. Da war er empfindlich. 1801 schreibt er über »ein liebes, zauberisches Mädchen ..., die mich liebt und die ich liebe ... und es ist das erste Mal, dass ich fühle, dass Heiraten glücklich machen könnte ... leider ist sie nicht von meinem Stande«.

So hat er auch seinem Bruder Johann die Ohren langgezogen, als er 1812 die Nachricht erhielt, Johann habe ein »Fisternöllchen« mit Therese Obermayer und das war – in Ludwigs Augen – eine Mesalliance par excellence. Er fuhr nach Linz, um ihm die Idee auszutreiben, schaltete sogar die Kirche, die Behörden und die Polizei ein, um die Beziehung zu unterbinden. Johann aber war schneller: Er heiratete sein Fräulein Obermayer und die Sache war erledigt.

Unser Ludwig hat sich insgeheim wohl auch ganz gerne bewundern lassen von den Mädels. Darüber erzählt sein Freund Ferdinand Ries in den »Biographischen Notizen«:

»Beethoven sah Frauenzimmer sehr gerne, besonders schöne, jugendliche Gesichter, und gewöhnlich, wenn wir an einem etwas reizenden Mädchen vorbeigingen, drehte er sich um, sah es mit seinem Glase nochmals scharf an und lachte oder grinzte, wenn er sich von mir bemerkt fand. Er war sehr häufig verliebt, aber meistens nur auf kurze Dauer. Da ich ihn einmal mit der Eroberung einer schönen Dame neckte, gestand er, *die* habe ihn am stärksten und längsten gefesselt – nämlich sieben volle Monate.

Eines Abends kam ich zu ihm nach Baden, um meine Lectionen fortzusetzen. Dort fand ich eine schöne junge Dame bei ihm auf dem Sopha sitzen. Da es mir schien, als käme ich ungelegen, so wollte ich gleich mich entfernen, allein Beethoven hielt mich zurück und sagte: ›Spielen Sie nur einstweilen!‹

Er und die Dame blieben hinter mir sitzen. Ich hatte schon sehr lange gespielt, als Beethoven auf einmal rief: ›Ries! Spielen Sie etwas Verliebtes!‹ Kurz nachher: ›etwas Melancholisches!‹ Dann: ›etwas Leidenschaftliches!‹ u. s. w. –

Aus dem, was ich hörte, konnte ich schließen, dass er wohl die Dame in etwas beleidigt haben müsse und es nun durch Launen gut machen wolle. Endlich sprang er auf und schrie: ›Das sind ja lauter Sachen von mir!‹ Ich hatte nämlich immer Sätze aus seinen eigenen Werken nur durch einige kurze Übergänge aneinander gereiht, vorgetragen, was ihm aber Freude gemacht zu haben schien. Die Dame ging alsbald fort, und Beethoven wußte zu meinem großen Erstaunen nicht, wer sie war. Ich hörte nun, dass sie kurz vor mir hereingekommen sei, um Beethoven kennen zu lernen. Wir folgten ihr bald nach, um ihre Wohnung, und dadurch später ihren

Stand zu erforschen. Von Weitem sahen wir sie noch (es war mondhell), allein plötzlich war sie verschwunden. Wir spazierten nachher unter mannigfaltigen Gesprächen wohl noch anderthalb Stunden in dem angrenzenden schönen Tal. Beim Weggehen sagte Beethoven jedoch: ›Ich muss herausfinden, wer sie ist, und Sie müssen helfen.‹ Lange Zeit nachher begegnete ich ihr in Wien und entdeckte nun, dass es die Geliebte eines ausländischen Prinzen war. Ich teilte meine Nachricht Beethoven mit, habe aber nie, weder von ihm, noch von sonst jemand etwas Weiteres über sie gehört.

Beethoven besuchte mich nie öfter, als da ich in dem Hause eines Schneiders wohnte, wo drei sehr schöne, aber durchaus unbescholtene Töchter waren. Hierauf bezieht sich auch der Schluß des Briefes vom 24. Juli 1804, wo es heißt: ›Schneidern Sie nicht zu viel, empfehlen Sie mich der Schönsten der Schönen, schicken Sie mir ein halb Dutzend Nähnadeln!‹

Und mit diesen zarten Andeutungen seiner ständigen Liebesbereitschaft kommen wir zu dem, was man so umschreiben könnte: »Aus dem Hirn schwitzen kannst du es dir ja doch nicht!« Wobei mir da natürlich der wundervolle Wiener Dichter einfällt: Peter Altenberg. Er war der Meister kleiner impressionistischer Gebilde, sozusagen literarische Farbtupfer der allerfeinsten Abteilung, und schrieb in einer Zeit, in der man dafür offen war: vor und nach dem Ersten Weltkrieg. Im praktischen Leben war er ein Bohemien, der sich fast nur in

Kaffeehäusern aufhielt, auch in anrüchigen. Die Professionellen, die ihn kannten, liebten ihn heiß und innig, erzählten ihm all ihre Geschichten über Freier und über Herzschmerzen, er war ihr Vertrauter. So saß er im Café Rabe am Graben in Wien, als eine Neue hereinkam und sich an ihm versuchte, weil sie nicht wusste, wer er war. Sie drängte und flüsterte und schmeichelte, bis sie schließlich den Satz sagte: »Komm, aus dem Hirn schwitzen kannst du es dir ja doch nicht!« Woraufhin der Dichter antwortete: »Ich schon«, bezahlte und ging!

Also wie war es denn bei Beethoven, wenn das triviale Leben seine Rechte fordert? Es hat ja lange gedauert, weit über 150 Jahre, bis man überhaupt auf den Gedanken kam, dass unser Ludwig in dieser Hinsicht ein Schlingel war. Gingen und gehen andere diskret ins Eros-Center (na ja, diskret ist so eine Sache, es ist schon peinlich, wenn du beim Verlassen einem Bekannten begegnest, der dich grüßt und fragt: »Na, wie war et denn, Herr Martens?«), gingen und gehen andere also schon mal zu diskreten Adressen (die hat es ja gegeben, seit es Menschen gibt, bisschen doof war das höchstens beim Neandertaler, der in Mettmann bei Düsseldorf drei Höhlen bewohnte und zwei Meter weiter war eine kleinere, vierte, wo die Dame aus Düsseldorf ihr Fell hatte, um jeden Mittwochnachmittag dort ihre Dienste anzubieten), so ließ sich Beethoven dabei helfen.

Geahnt hat man das schon lange. Aber man wusste nicht: Von wem hat er sich helfen lassen und wie? Und wie ist so ein »billet doux« formuliert gewesen? Hat er einfach geschrieben: »Et is wieder so weit, ich bruch en Frau!«? Immer wieder haben sich die Forscher die Köpfe zerbrochen und seine Briefe, Zettel, Notizen, Tagebücher durchwühlt, um dem Ludwig auf die Schliche zu kommen. Und siehe da, im Bonner Beethovenhaus ist man schließlich fündig geworden. Zwar nur »mit aller Wahrscheinlichkeit«, weil Beethoven ja nie klar geschrieben hat, dass ihm der Baron Zmeskall jetzt ein Mädchen zu besorgen habe. Ich möchte den Namen des Forschers hier nicht nennen, weil er so viel Großes geleistet hat für die Beethovenforschung, dass dieser kleine Krümel, der ihm vom Arbeitstisch gefallen ist, ein verzerrtes Licht auf ihn werfen könnte. Toll aber ist: Selbst die ernsthaftesten Forscher scheuen sich nicht, auch mal unter die Bettdecke zu schauen, und das danken wir ihnen.

Es gibt also einige Briefe an den Herrn Baron Nikolaus Zmeskall von Domanovecz (1759 – 1833). Der war einer der allerengsten Freunde Beethovens. Mit ihm hatte sich Ludwig nie, wirklich nie verkracht. Er schätzte den Beamten der ungarischen Hofkanzlei in Wien sehr, als Menschen und als Musiker (Zmeskall spielte vorzüglich Violoncello), widmete ihm das Streichquartett in f-Moll, op 95 aus Freundschaft und vertraute ihm auch die dunklere Seite seiner Seele an.

Die Wissenschaft hat nun Folgendes aus Beethovens Briefen an Zmeskall herausgeschält: Beethoven bediente sich offenbar des Wortes »Festung«, wenn er seine »Bestellungen« aufgab. Wären Sie da drauf gekommen? Dass man für Ludwigs Sexleben nach »Festungen« Ausschau halten muss?

Lassen Sie uns ein kleines Spiel daraus machen: Ich füge hier Zitate aus den Briefen ein, die in Frage kommen. Sie können nun gleichsam selbst als Musikwissenschaftler tätig werden und versuchen, den kryptischen Formulierungen unseres Titanen auf die Schliche zu kommen. Ich wünsche Ihnen viel Spaß!

Um 1798 schreibt er an Zmeskall:

liebster Baron Dreckfahrer je vous suis bien obligè pour votre faiblesse de vos yeux. – übrigens verbitte ich mir in's künftige mir meinen frohen Muth, den ich zuweilen habe, nicht zu nehmen, denn gestern durch ihr Zmeskal-domanovezisches geschwäz bin ich ganz traurig geworden, hol' sie der Teufel, ich mag nichts von ihrer ganzen Moral wissen, Kraft ist die Moral der Menschen, die sich vor andern auszeichnen, und sie ist auch die meinige, und wenn sie mir heute wider anfangen, so plage ich sie so sehr, bis sie alles gut und löblich finden was ich thue (denn ich komme zum schwanen, im Ochsen wärs mir zwar lieber, doch beruht das auf ihrem Zmeskalischen-domanovezischen Entschluß. (reponse) adieu Baron Ba... ron r o n nor | orn | rno | onr |
(voila quelque chose aus dem alten versazAmt [)].

November 1809:
Verfluchter Geladener Domanevetz – nicht Musik-graf sondern Freßgraf – Dineen Graf soupeen Graf etc - heute um halb Eilf oder 10 uhr wird das Quartett bey

lobkowiz p[r]obirt, S.[eine] D.[urchlaucht], die zwar
meistens mit ihrem Verstande abwesend, sind noch nicht
da – kommen sie also wenn sie d<as>er Kanzley Gefäng-
nisWärter entwischen läßt – heute kommt der Herzog, der
bey mir bedienter werden will zu ihnen – auf 30 fl. mit
<al> seiner frau Obligat können sie sich einlaßen – Holz
licht kleine Liwree – Zum Kochen muß ich jemand haben,
so lange die schlechtigkeit der LebensMittel so fortdauert,
werde ich immer krank – ich eße heute zu Hause, des beßern
Weins halber, wenn sie sich bestellen was sie haben wollen,
so wär mir's lieb, wenn sie auch zu mir kommen wollten,
den Wein bekommen sie gratis und zwar Beßer wie in dem
Hundsföttischen schwanen -
ihr kleinster [Bee]thowen

Wien, 28. Oktober 1810
Ich bitte um das Stiefelwi<ch>ksrezept, ein gewi<ch>kster
Kopf bedarf auch eines gewichsten Stiefel – die sache wird
wohl ohne ihren Bedienten thunlich seyn, mit dem ich ein für
allemal nichts zu thun haben will, gleichviel warum -
in Eil ihr
Beethowen

28. Februar 1813:
Heute laßen wir es nur so lieber Z., ohne unß zu sehen,
da ich eben heute auch nicht anders als gleich Nachti-
sche könnte, ohnehin ist mein überschlag in Rücksicht des
Bedientens schon gemacht – ich hoffe aber, daß wir unß
nächstens einmal wieder sprechen und sehen können – leben

sie wohl bewahren sie Fleißig die Festungen des Reichs, die
wie sie wißen, lange keine Jungfern mehr sind, und schon
manchen schuß erhalten haben -
ihr Freund
Beethowen
Für Hr. von Zmeskall Wohlgebohrn

21. September 1813:
Wohlgebohrenster, Wie auch der Violoncellität Großkreuz!
Sollte ihr Bedienter Braw seyn, und einen Brawen für mich
wissen, so würden sie mir eine Große Gefälligkeit erweisen,
<...?>Mir durch den ihrigen Braven mir auch einen Brawen
verschaffen zu laßen. einen geheiratheten wünsche ich auf
jeden Fall, wenn auch nicht mehr Ehrlichkeit so ist doch
von solchem mehr Ordnung zu erwarten. bis Ende dieses
Monathes Geht meine jezige Bestie von B.[edienten] fort, der
Bediente könnte also mit Anfang des künftigen Monaths
eintreten.

16. Oktober 1815:
Ich melde ihnen nur, daß ich hier und nicht da bin, und
wünsche ebenfalls von ihnen zu wißen, ob sie da oder
hier sind. – ich mögte sie einige Augenblicke sprechen,
wenn ich sie zu Hause allein weiß – leben sie wohl aber
nicht w<oh>ollüstig – Inhaber Kommandant Pascha
verschiedener Morscher Festungen!!!!! -
in Eil ihr Freund
Beethowen

Für Seine wohlgebohrn Hr. Von Zmeskall von Domanevetz
5. September 1816:
[...]
von dem neu aufzunehmenden wissen sie ohne hin schon,
wie man ihn ohngefähr wünscht, ein gutes ordentliches
Betragen, gute Empfehlungen, u. geheirathet, u. nicht Mord-
lustig, damit ich meines Lebens sicher bin, indem ich doch
wegen verschiedenem Lumpenvolk in der welt noch etwas
leben möchte. –
ich erwarte also spätestens bis zum 10ten dieses von ihnen
die Bedienten Relation – werden sie nicht unwillig, nächs-
tens schicke ich ihnen meine Abhandlung über die 4
VolonschellSaiten, sehr gründlich abgefaßt, erstes Kapitel
von den Gedärmen <etc->überhaupt – 2tes K.[apitel] von
den Darmsaiten – etc
ich brauche sie nicht mehr zu warnen, daß sie sich vor
verwundungen bey gewißen Festungen in Acht nehmen,
Es ist ja überall tiefe Ruhe!!!! leben sie wohl bestes
Zmeskälchen. –
ich bin wie immer un povero Musico u. ihr Freund
Beethowen
(Nb: Es wird vieleicht nur einige Monathe mit dem
Bedienten dauern, da ich eine Haushälterin meines Karls
wegen nehmen muß. -)

November/Dezember 1816:
Ich danke ihnen Herzlich mein lieber Z für ihre mir gege-
benen Erörterungen, was die Festungen anbelangt, so
dächte ich, daß sie von mir die Meynung hätten, mich

nicht in Sumpfigten Gegenden aufhalten zu wollen, übrigens ist es bey mir schwerer als irgendwo eine Haußhaltung einzurichten, denn ich verstehe davon nichts gar nichts, Fehltritten werde ich wohl immer ausgesezt seyn – nun was ih[r]en ersten Brief anbelangt, was soll ich darauf sagen, schon von Kindheit an habe ich mich alles guten andrer Menschen gern erinnert, u. es immer im sinn behalten, darauf kam auch die Zeit, wo <es>besonders in einem Verweichlichten Jahrhundert dem Jüngling auch selbst etwas untoleranz zu seyn zu verzeihen war, nun aber stehn wir als Nazion wieder kraftvoller da, u. wie auch ohne dieß ich mir später eigen zu suchen gemacht habe, nicht den ganzen Menschen wegen einzelner Schwächen zu verdammen, sondern gerecht zu seyn, das gute vom<n> <ihne>Menschen im Sinne zu behalten, u. hat sich dieses nun sogar in geäußerten Handlungen <an>gegen mich bezogen, so habe ich mich nicht allein als Freund des ganzen Menschengeschlechts sondern noch auch besonders einzelne darunter immer als meine Freunde angesehn und auch genannt, So in diesem Sinne nenne ich Sie denn auch meinen Freund, wenn auch in manchen Dingen wir beide verschieden handeln und denken, so sind wir doch auch in manchem übereingekommen; – So – nun zähle ich nicht weiter mehr – mögten sie nur recht oft meine Freundschaftliche Anhänglichkeit auf die Probe stellen!
wie immer Ihr Freund
Beethowen.

16. Dezember 1816:
Hier lieber Z
erhalten sie meine Freundschaftliche Widmung, die ich wünsche, daß ihnen ein liebes Andenken unserer hier lange waltenden Freundschaft seyn möge, u. als einen beweiß meiner Achtung aufzunehmen, u. nicht als das Ende eines schon lange gesponnenen Fadens, (denn Sie gehören zu meinen frühesten Freunden in Vien,) zu betrachten. leben sie wohl enthalten sie sich der Morschen Festungen der angriff nimmt mehr mit, als von wohl erhaltenen.
wie immer ihr Freund
Beethoven

Na, fündig geworden?

Neben den diversen schnellen Amouren gab es aber natürlich auch lange, tiefe Freundschaften zu Frauen, die einen Blick auf den anderen Beethoven ermöglichen, den, der zu viel Empathie und Mitgefühl fähig ist. Die Freundschaft zu Gräfin Anna Maria von Erdödy ist ein solches Beispiel. 1808 bis 1809 wohnte Beethoven bei ihr in ihrer sehr großen Wohnung in der heutigen Krugerstraße 10 im I. Bezirk. Das hat natürlich zu den wüstesten Phantasien Anlass gegeben, weil ... na ja, eh klar!

Sie zog dann weg aus Wien, wurde gleichsam nach München verbannt (keiner weiß wieso, das heißt damals munkelte man, aber das hat sich zum Glück verlaufen) und verschwand auch aus dem Leben Beethovens. Am 13. Mai 1813 schrieb er ihr dann einen Brief, und zwar einen, den die Beethovenforscher zu den sorgfältigsten zählen, die er je geschrieben hat. Klare Schrift, kein Gekrikel und Gekrakel, keine durchgestrichenen Wörter, nein, absolut adrett. Und es ist ein schöner Brief!

Meine werthe liebe Freundin!
Sie dürften vielleicht und mit Recht glauben daß ihr Andenken völlig in mir erloschen sey unterdessen ist es nur der Schein, meines Bruders Tod verursachte mir großen Schmerz, alsdann aber große Anstrengungen um meinen mir lieben Neffen vor seiner verdorbenen Mutter zu retten, dieses gelang allein bis hierher konnte ich noch nichts besseres für ihn thun als in ein Institut zu geben, also entfernt von mir, und was ist ein Institut gegen die mittelbare Theilnahme Sorge eines Vaters für sein Kind, denn so betrachte ich nun, und sinne hin und her, wie ich dieses mir theure Kleinod näher haben kann, um geschwinder und vortheilhafter auf ihn wirken zu können – allein wie schwer ist das für mich! – Nun ist meine Gesundheit auch seit 6 Wochen auf schwankenden Füßen, so daß ich öfter an meinen Tod, jedoch nicht mit Furcht denke, nur meinem armen Karl sterbe ich zu früh. Wie ich aus ihren letzten Zeilen an mich sehe, leiden Sie wohl auch sehr, meine liebe Freundin. Es ist nicht anders mit dem Menschen, auch hier soll sich seine Kraft bewähren, d. h. auszuhalten ohne zu murren und seine Nichtigkeit zu fühlen und wieder seine Vollkommenheit zu erreichen, deren uns der Höchste dadurch würdigen will. – Linke wird nun wohl schon bei ihnen sein, möge er ihnen Freude auf seinen Darmsaiten

erwecken. – Brauchle wird sich vom Brauchen wohl nicht entfernen und sie werden wie immer Tag und Nacht von ihm Gebrauch machen. – Was den Vogel betrifft, so höre ich, daß sie nicht mit ihm zufrieden sind, worin dieses besteht, weiß ich nicht, sie suchen wie ich höre einen andern Hofmeister, übereilen sie sich doch nicht und machen sie mich mit ihren Ansichten und Absichten hierin bekannt, vielleicht kann ich ihnen gute Anzeige machen, vielleicht thun sie aber dem Sperl im Käficht unrecht? – Ihre Kinder umarme ich und drücke das in einem Terzett aus, sie werden wohl täglich Fortschritte machen in ihrer Vervollkommnung. – Lassen sie mich recht bald, sehr bald wissen, wie sie sich auf dem kleinen Nebelfleck der Erde, wo sie jetzt sind, befinden, ich nehme gewiß, wenn ich es auch nicht immer gleich anzeige oder äußere, großen Antheil an ihren Leiden und Freuden. Wie lange bleiben sie noch, wo werden sie künftig leben? – Mit der Violonschell-Sonate wird eine Veränderung geschehen, die Sie aber und mich nicht verändern wird.
Liebe theure Gräfin
in Eil ihr Freund
Beethoven.

Mit diesem anrührenden Brief möchte ich dieses Kapitel über Beethovens Beziehung zu Frauen abschließen. Aber weil Mr. Thayer zum Thema Freundschaften ein paar so schöne Sätze geschrieben hat, die jeder von uns nachvollziehen kann, weil sie einfach stimmen, hier noch der ehrwürdige alte Biograph:

»Wer mit Weib und Kind dauernd an einem Orte wohnt, findet sich in der Regel bei vorrückenden Jahren als Glied eines kleinen Kreises alter Freunde; ergraute Häupter, umgeben von ihren Nachkommen, den Erben der elterlichen Freundschaften, sitzen an den nämlichen Tischen und treiben ebendaselbst ihre Scherze, wo sie sich auch im Frühling ihres Lebens versammelt hatten.

Der unverheiratete Mann, der kein Fleckchen auf dem Erdball sein eigen nennen kann, der sein Leben in Mietwohnungen zubringt, heute hier und morgen dort, hat in der Regel wenige Freundschaften von längerer Dauer. Durch Verschiedenheit des Geschmackes, der Meinungen, der Gewohnheiten, welche mit den Jahren zunimmt, häufig durch die bloße Unterbrechung des persönlichen geselligen Verkehrs oder durch tausenderlei gleich bedeutungslose Ursachen werden die alten Bande gelöst. In den Tagebüchern und Briefen solcher Männer verschwinden die vertrauteren Namen, selbst wenn der Tod sie noch nicht weggenommen hat, und fremde nehmen ihre Stelle ein. Aus einer vorübergehenden Bekanntschaft der einen Periode wird in der andern vertraute Freundschaft, während der frühere Freund zum bloßen Bekannten herabsinkt oder ganz vergessen wird, ohne daß man in den meisten Fällen eine Ursache für den Wechsel angeben könnte. Es läßt sich eben nur die eine anführen: es hat sich zufällig so gemacht.

So war es auch mit Beethoven; und der Grund dafür

lag teils in der Zunahme seiner Schwerhörigkeit, teils auch in den Eigentümlichkeiten seines Charakters.«

Na, ist das die Wahrheit? Und obendrein leise und klug formuliert? Eben!

VII.

Der Helikopter-Onkel

Und dann war da ja noch der Neffe Karl – wie schon im Brief an die Gräfin von Erdödy angedeutet. Karl hat das letzte Lebensdrittel vom Ludwig durcheinandergebracht. Aber so was von durcheinander, kann ich Ihnen sagen – und das war noch nicht mal der Neffe selber schuld. Plötzlich stand der ganze Alltag unter dem Zeichen von Karl. Einmal weil unser Ludwig eigentlich ein Familienlöwe war, der sich ja schon als Knabe um seine beiden jüngeren Brüder gekümmert hatte. Und dann natürlich, weil es plötzlich so etwas wie Vaterfreuden gab: Endlich war ein Kind da, das seinem Leben einen neuen Inhalt gab! Aber schön der Reihe nach.

Am 14. November 1815 verfasste Beethovens Bruder Karl sein Testament. Er war lungenkrank und spürte, dass es bald mit ihm zu Ende gehen würde. Eigentlich löblich! Dieses Testament aber war der Anfang des Gezeters, der Kämpfe und Krämpfe, der Hoffnungen und Enttäuschungen, die nicht nur Beethoven, sondern auch der Mama des Neffen das Leben schwer machten.

Jeder Scheidungsanwalt und Sorgerechtsexperte kennt ja diese Dynamiken: Plötzlich werden Menschen zu Tieren, kämpfen wie die Berserker um ihre Kinder, lügen, betrügen, verleumden, angeblich zum Besten des

Wohles ihrer Kinder. Übrigens: Akademiker, das weiß jedes deutsche Familiengericht und Ihr Konrad Beikircher auch, weil er in über zwanzig Fällen in den 1980er Jahren Sorgerechtsgutachten beim Oberlandesgericht in Köln verfasst hat, Akademiker also sind die schlimmsten! Keiner fightet so wie sie die Gerichte rauf und runter um das Wohl der Kinder, vielleicht, weil sie denken, sie hätten mehr Gesicht als andere zu verlieren. Wenn Sie mich fragen, hat es auch damit zu tun, dass Akademiker eher Solipsisten sind als andere, andere sind mehr auf Familienzusammenhalt und Solidarität angewiesen, jeder Handwerksbetrieb weiß das, da kann man sich auch aus emotionalen Gründen jahrelange Streitereien bis hin zum Oberlandesgericht einfach nicht leisten.

Schön, das wäre ich jetzt auch mal losgeworden! Musste sein! Danke für Ihr Verständnis – um mal den Spruch der Straßenbaugesellschaften zu zitieren, den sie uns immer wieder gerne am Ende ihrer endlosen Baustellen präsentieren.

Zurück zu unserem Ludwig und seiner Neffen-Liebe. Mit dem Testament, das Ludwigs Bruder Karl verfasst hat, fing also alles an. Ludwig war von Anfang an gegen die Ehe seines Bruders mit Johanna, geborene Reiß, gewesen. Warum, wissen wir nicht genau, vielleicht vermutete er das bei ihr, was er gerne »niederen Charakter« nannte. Kurz vor dem Tod ihres Mannes lieferte sie, na ja, einen »Beweis«, als sie mit einem Studenten ein Verhältnis anfing.

Wie auch immer: Johanna und Karl heirateten am 25. Mai 1806, und am 4. September 1806 wird ihr Sohn Karl geboren. Der berühmte Neffe Beethovens. Ein Vier-Monats-Kind also, geh da schau her! Beethoven fühlte sich in Bezug auf die »Liederlichkeit« der Johanna bestätigt (damals waren ja in solchen Dingen immer und ausschließlich die Frauen schuld), dies umso mehr, als sein Bruder Karl mit der Hochzeit nun nicht mehr für ihn als Quasi-Sekretär arbeiten konnte, was Ludwig sehr gefuchst hat.

Ludwig stürzte sich alleine in die Arbeit, Bruder und Schwägerin rückten aus dem Fokus seines Lebens, bis sie mit Wucht im November 1815 wieder zurückkehrten – und das, zumindest was den Neffen Karl und seine Mama Johanna betrifft, bis ans Ende von Beethovens Leben. Fangen wir mit dem Testament an, dem Widerspruch des erzürnten Onkels, dem Zusatz zum Testament und dem Tod des Bruders.

Am 14. November 1815 schreibt Karl sein Testament. Er ist schwer krank, hat die Schwindsucht, die deshalb so heißt (so denke ich zumindest), weil einem da die Kräfte schwinden und der Kranke spürt, dass es jetzt zu Ende geht:

»In der Gewißheit, daß jeder Mensch sterben muß und ich mich diesem Ziele nahe fühle, habe ich jedoch bei vollkommenem Gebrauche meines Verstandes frei und ungezwungen für gut befunden, folgende letztwillige Anordnung zu treffen.

1. Empfehle ich meine Seele in die Barmherzigkeit

Gottes, meinen Leib aber der Erde, aus der er gekommen, und will, daß derselbe dem christkatholischen Gebrauche gemäß auf die einfachste Art zur Erde bestattet werde.

2. Sollten alsobald nach meinem Tode 4 h. Messen gelesen werden, wozu ich 4 Gulden bestimme.

3. Haben meine unten eingesetzten Universalerben die gesetzlichen frommen Vermächtnisse zu entrichten.

4. Da mir meine Ehegattin bei unserer Verehligung richtig 2000 fl. in B. Obligationen zugebracht und übergeben hat, ich aber dieselbe hierüber nicht quittirt habe, so bestätige ich hiermit den richtigen Empfang dieser 2000 fl. B. Obligationen und will also, daß diese 2000 fl. B. Obligationen, so wie die Niederlage in Gemäßheit des vorhandenen Heirathsvertrages berichtigt werden.

5. Bestimme ich zum Vormunde meinen Bruder Ludwig van Beethoven. Nachdem dieser mein innigst geliebter Bruder mich oft mit wahrhaft brüderlicher Liebe auf die großmüthigste u. edelste Weise unterstützt hat, so erwarte ich auch fernerhin mit voller Zuversicht und im vollen Vertrauen auf sein edles Herz, daß er die mir so oft bezeigte Liebe und Freundschaft auch bei meinem Sohn Karl haben und alles anwenden wird, was demselben nur immer zur geistigen Bildung meines Sohnes und zu seinem ferneren Fortkommen möglich ist. Ich weiß er wird mir diese meine Bitte nicht abschlagen.

6. Da ich von der Rechtlichkeit des Hrn. Dr. Schönauer Hof- und Gerichtsadvocaten überzeugt bin so er-

nenne ich denselben zum Kurator für die Pflegung der Abhandlung sowohl als auch sonsten für meinen Sohn Karl mit dem Beisatze, daß derselbe bei allen Angelegenheiten, welche das Vermögen meines Sohnes betreffen, zu Rathe gezogen werden soll.

7. Da die Erbeinsetzung das wesentliche eines Testaments ist so ernenne und setze ich zum Universalerben meines sämmtlichen nach Abzug der vorhandenen Schulden, und obigen Vermächtnissen meine geliebte Gattin Johanna geborne Reiß, und meinen Sohn Karl dergestalt ein, daß mein gesammter Nachlaß unter sie in zwei gleiche Theile getheilt werden solle.

8. Muß ich noch bemerken, daß der vorhandene Wagen, Roß, Gaiß, die Pfauen und die in dem Garten in Geschirren vorfindigen Pflanzen ein Eigenthum meiner Gattin sind, indem diese Gegenstände sämmtlich von dem aus der Verlassenschaft ihres Großvaters überkommenen Gelde angeschafft worden sind.

Zur wahren Urkunde dessen habe ich diese meine letzte Willenserklärung nicht nur eigenhändig unterschrieben sondern zur Mitfertigung auch drei Hrn. Zeugen eigends ersucht.

So geschehen, Wien den 14. November 1815.

Karl van Beethoven.«

Beethoven liest diese Zeilen noch am selben Tag, bekommt einen Wutanfall und streicht den Namen Johannas, »indem ich durchaus an ein solches schlechtes Weib bei einer so wichtigen Sache wie die Erziehung des Kindes nicht gebunden sein wollte«.

Karl erschrickt und schickt umgehend ein sogenanntes Kodizill hinterher, einen Zusatz zum Testament:

Da ich bemerkt habe daß mein Bruder Hr. Ludwig van Beethoven meinen Sohn Karl nach meinem allfälligen Hinscheiden ganz zu sich nehmen und denselben der Aufsicht und Erziehung seiner Mutter gänzlich entziehen will, da ferner zwischen meinem Bruder und meiner Gattin nicht die beste Einigkeit besteht, so habe ich für nöthig gefunden, nachträglich zu meinem Testamente zu verfügen, daß ich durchaus nicht will, daß mein Sohn Karl von seiner Mutter entfernt werde, sondern daß derselbe immerhin und in so lange es seine künftige Bestimmung zuläßt bei seiner Mutter zu verbleiben habe, daher denn dieselbe so gut wie mein Bruder die Vormundschaft über meinen Sohn Karl zu führen hat. Nur durch Einigkeit kann der Zweck, den ich bei Aufstellung meines Bruders zum Vormunde über meinen Sohn gehabt habe, erreicht werden, daher empfehle ich zum Wohl meines Kindes meiner Gattin Nachgiebigkeit, meinem Bruder aber mehr Mäßigung.
Gott lasse sie beide zum Wohl meines Kindes einig seyn.
Dieß ist die letzte Bitte des sterbenden Gatten und Bruders.
Wien den 14. November 1815.
Karl van Beethoven

Am nächsten Tag stirbt das Bruderherz, Johanna wird zum Vormund und Ludwig zum Mitvormund Karls bestimmt. So weit, so schlecht und Sorgerechtsfachleuten bekannt, so geht das immer los.

Ludwig fängt an, giftig zu fighten. Das muss man ein bisschen verstehen. Schon in Bonn musste er sich in Vertretung seiner Mama als Ältester nicht nur um seine Brüder kümmern, er musste auch seinen krakeelenden Herrn Papa aus den Kneipen zerren. Sorge um die Seinen war ihm also in Fleisch und Blut übergegangen.

Und was war in Wien? Der eine Bruder wird Kassier, der andere Apotheker, sie laufen ihm aus dem Ruder, die Gefühle des Ältesten, also des Verantwortlichen (so sah sich Ludwig jedenfalls in seinem »Ältesten-Syndrom«), werden mit Füßen getreten (deshalb freut es mich so, dass der Jüngste die Aktien nicht gefunden hat, die er um den Leichnam Ludwigs herum in dessen Wohnung suchte!) und jetzt, wo die Freude, alleiniger Quasi-Vater sein zu können, so nahe liegt, soll er sich dieses Glück mit der verachteten Schwägerin teilen? Niemals!

Hätte er da doch nur ein bisschen Humor gehabt. Oder hätte er die eine oder andere Geschichte aus dem Leben von Scheidungsanwälten gekannt. Es wäre nicht so schmerzhaft geworden. Gut, hat nicht sollen sein. Es hat nicht jeder Humor, wenn es um ihn selbst geht.

Das Ziel Ludwigs war jedenfalls klar: Vormundschaft ja, aber allein! Also war auch klar, dass er seine Schwägerin in die Tinte hauen musste. Und das tat er. Nach vielem Hin und Her holt er in der Denkschrift an den Magistrat vom 1. Februar 1819 zum definitiven Schlag aus:

*An den Wohllöblichen Magistrat der k. k. Residenzstadt
Wien
Ludwig van Beethoven
in vormundschaftlicher Angelegenheit.
|: nebst einer Beilage:
Wohllöblicher Magistrat!
Da ich von der künftigen Erziehung reden soll, so scheint mir
am zweckmäßigsten von der schon jetzt bestehenden anzufangen, woraus erhellt, daß jede andere Veränderung nur
zum Nachtheile meines Neffen dienen kann, daß er einen
Hofmeister habe, ist scheu angezeigt worden, welchen er
auch fortwährend behält, damit aber sein Eifer noch mehr
erweckt werde, so lasse ich ihn in Begleitung des Hofmeis-
ters seine Studien beim Herrn v. Kudlich dem Vorsteher
eines Institutes in meiner Nähe auf der Landstraße fortsezen,
er ist hier nur in Gesellschaft eines einzigen Knaben dem
Sohne eines Baron Lang, und unter beständiger Aufsicht,
während der Zeit er sich dort befindet, hiebey kommt ihm
noch besondere zu gute, daß Herr v. Kudlich ganz nach
der gründlichen Methode bei der Universität lehrt oder
selbe ausübt, welche alle Kenner wie auch ich für die Beste
halten, u. welche öfter nicht jeder Hofmeister besitzt, und
daher für den Zögling einige Störungen bey den Prüfungen
entstehen, hienzu kommt nun noch der besondere Unterricht im Französischen u. im Zeichnen, in der Musik und
so ist er den ganzen Tag nicht allein nüzlich u. angenehm
beschäftigt, sondern auch unter beständiger so nöthiger
Aufsicht, überdieß habe ich einen Vater von geistlichen
gefunden, der ihn über seine Pflichten als christ, als Mensch*

*noch besonders unterrichtet, denn nur auf diesem Grunde
können ächte Menschen gezogen werden, später gegen den
Sommer zu wird er sich auch schon im Grichischen umsehen,
man sieht woll, daß keine kosten von mir gescheut werden,
um den schönen Zweck, einen nützlichen und gesitteten
Staatsbürger dem Staate zu geben, zu erreichen, die jetzige
Einrichtung läßt nichts zu wünschen übrig. Es braucht
daher keiner Veränderung, sollte ich aber die Nothwendigkeit davon einsehen, so werde ich das noch bessere auf das
gewissenhafteste vorschlagen und besorgen – jeder Mensch
der kein Handwerker wird, er mag werden was er will, muß
wenigstens 5–6 Schulen studirt haben, in dieser Zeit läßt
sich dann bemerken, wozu Neigungen und Anlagen führen,
wird er ein Staats-Beamter, wird er ein Gelehrter, so kann der
Grund nie anders als auf diese Art gelegt werden, die außerordentliche Anlage und zum Theil wieder seine Eigenheiten
erfordern auch außerordentliche Mittel, und nie handelte ich
wohlthätiger und größer, als eben wo ich meinen Neffen zu
mir genommen und selbst seine Erziehung besorgte, hat |:
nach Plutarch: | ein Philippus seiner nicht unwerth geachtet,
die Erziehung seines Sohnes Alexander selbst zu leiten, u.
ihm den großen Aristoteles zum Lehrer zu geben, weil er
die gewöhnlichen Lehrer hiezu nicht geeignet fand, hat ein
Laudon selbst die Erziehung seines Sohnes geleitet, warum
sollten d. g. schöne erhabene Erscheinungen nicht auch aus
andern wieder hervorgehen, Mein Neffe war schon bei seines
Vaters Lebzeiten an mich von ihm angewiesen, u. ich gestehe,
ich fühle mich mehr als irgend jemand dazu berufen meinen
Neffen schon durch mein eigenes Beispiel zur Tugend und*

Thätigkeit anzufeuern, Konvickte und Institute haben für ihn nicht genug Aufsicht, u. alle Gelehrte, worunter sich ein Professor Stein, ein Professor der Pädagogik Simerdinger befindet, stimmen mit mir überein, dass es für ihn dort durchaus nicht geeignet sey, ja sie behaupten sogar, daß der meiste Theil der Jugend verdorben von dort herauskommen, ja sogar manch als gesittet ein und als ungesittet wieder heraustreten, leider muß ich diesen Erfahrungen und Ansichten dieser Männer und mancher Eltern beytreten; – hätte die Mutter ihre Bösartigkeit unterdrücken können u. meinen Anstalten ruhige Entwickelung zugelassen, so würde jetzt schon ein ganz günstiges Resultat aus meinen bisherigen Verfügungen hervorgegangen sein, wenn aber eine Mutter von dieser Art ihr Kind sucht in die Heimlichkeiten ihrer gemeinen und selbst schlechten Umgebungen zu verwickeln ihn zur Verstellung in diesen zarten Jahren |: eine Pest für Kinder!!!:| zur Bestechung meiner Dienstbothen, zur Unwahrheit verführt, indem sie ihn verlacht, wenn er die Wahrheit sagt, ja ihm selbst Geld gibt, ihm Lüfte und Begierden zu erwecken, welche ihm schädlich sind, ihm sagt, daß das lauter Kleinigkeiten sind, was ihm bei mir und andern als große Fehler angerechnet werden, so ist dies ohnehin schwere Geschäft noch schwerer und gefährlicher, man glaube aber nicht, daß, als mein Neffe im Institut war, sie sich anders betragen habe, doch auch hierfür ist ein neuer Damm angelegt worden, außer dem Hofmeister wird eine Frau vom Stande in mein Haus eintreten, welche die Haushaltung besorgt, u. welche sich keineswegs bestechen von ihr lassen wird, u. so die Aufsicht für meinen Neffen

*noch vermehrt wird, heimliche Zusammenkünfte des Sohnes
mit der Mutter dringen immer nachtheilige Folgen hervor,
allein dies nur will sie weil sie unter wirklichen gutgesitteten
und gutgearteten Menschen sich gerade am schlechtesten
zu befinden scheint. [...] ohnehin habe ich nur immer auf
sein Seelenheil gedacht, d. i. ihn dem Einflusse der Mutter zu
entziehen, Glücksgüter lassen sich erwerben, Moralität muß
aber früh |: besonders wenn ein Kind schon das Unglück
hatte diese Muttermilch einzusaugen ja mehrere Jahre unter
ihrer Obhut und unter selber gänzlich gemißbraucht wurde,
selbst den Vater mitbetriegen helfen mußte :| eingeimpft
werden, und ohnehin erbt er mich, selbst jetzt schon würde
ich ihm so viel hinterlassen, daß er davon allein ohne zu
darben seine Studien bis zur Zeit einer Anstellung fortsetzen
könnte, nur Ruhe u. keine weitere Einmischung der Mutter
ist alles, was wir brauchen, und gewiß, bald wie das schöne
von mir vorgesteckte Ziel erreicht werden ...*

Und so weiter und so fort – seitenlang schmäht unser Ludwig die Mutter seines Neffen noch als »giftig«, »verdorben« und »verlogen«. (Den vollständigen Text finden Sie im Anhang.)

Und er hat damit Erfolg! Er gewinnt, wird selbst Vormund, bekommt einen Mit-Vormund an die Seite gestellt, Johanna guckt in die Röhre und alles scheint gebongt.

Wenn da nicht der Neffe selbst und Beethovens Helikopter-Trieb wären. Ludwig will unbedingt einen Musiker aus Karl machen. Kein Geringerer als Carl Czerny (Sie wissen schon: »Die Schule der Geläufigkeit«, die genussvolle Plage für jeden Klavierschüler) wird sein Lehrer. Haut aber nicht wirklich hin. Ab 1819 war Karl nun im Böchlinger'schen Institut, wo er mit hervorragenden Leistungen und einem tollen Schulabschluss 1823 brillierte. Aber was jetzt? Karl will eigentlich Philologie studieren, er hilft seinem Onkel als Sekretär, das mit der Philologie klappt nicht so ganz, sicherlich, weil der misstrauische Onkel ihm ständig auf den Füßen stand. Schon vom Internat hatte sich Beethoven fast täglich Berichte über den Neffen kommen lassen, Karl wurde ständig beobachtet, musste auch seinem Onkel selber berichten, was er gerade tut.

Und als er endgültig zu ihm nach Hause kam, war es ganz aus. Beethoven hatte die fixe Idee, dass der junge Mann zu Müßiggang neige – Bedenken, die jede Elterngeneration mit unermüdlicher, öder Energie aufs Tapet bringt, seit 2000 Jahren oder mehr, man kann's ja wirklich nicht mehr hören – und dass er deshalb einer straffen Hand bedürfe. Gleichzeitig überhäufte er ihn mit sentimentalem Gedusel, setzte ihn als Alleinerben ein, begegnete seinem Neffen also mit einer Erziehungshaltung, die man nur als inkonsequent, konfus und extrem hilflos bezeichnen kann – und der Neffe reagierte so, wie oft Jugendliche in solchen wirklich unerträglichen Situationen reagieren: Er hatte Suizidgedanken. Der Neffe kaufte sich eine Pistole, das flog auf, dann versetzte er seine Uhr und kaufte sich erneut eine Pistole –

und am 30. Juli ist er schließlich auf Burg Rauhenstein im Helenental, wo sein Onkel oft spazieren ging, setzt sich die Pistole an die Schläfe, der Schuss geht daneben, zweiter Versuch und endlich: eine Streifwunde. Verletzt bleibt er liegen, wird gefunden und zu seiner Mama gebracht, dann kommt er ins Krankenhaus.

Nach diesem Suizidversuch gibt Beethoven den Widerstand gegen den Wunsch seines Neffen, zum Militär zu gehen, endlich auf und so kommt Karl – nach Fürsprache Ludwigs unter den Fittichen von Feldmarschallleutnant Joseph von Stutterheim – in das 8. Infanterieregiment »Erzherzog Ludwig«, wo er bis zu seinem ehrenhaften Abschied 1832 als Unterleutnant blieb.

Von dem Zeitpunkt an lebte er friedlich von seinem Universalerben-Dasein, heiratete, hatte fünf Kinder, von denen nur eines, Hermine van Beethoven, Musikerin wurde. Sie bezahlte ihr Leben als Klavierlehrerin allerdings mit einem frühen Tod und hauchte schon mit 35 Jahren ihr Leben zwischen den schwarzen und den weißen Tasten aus. Die anderen Töchter wurden Beamtengattinnen, sichere Karrieren, und starben zwischen 1891 und 1919. Der einzige Sohn des Neffen wanderte nach Amerika aus – viel weiß man nicht über seinen Lebensweg.

Wo die Gene unseres Ludwigs sonst noch geblieben sind? Man weiß es nicht, die Wege führen ins Dunkel. Vielleicht war Karlheinz Stockhausen ein Abkömmling Beethovens? Hätte man es ihm gesagt, er hätte es sicher gerne geglaubt.

Anhang

1.
Das Orchester

Damit keine Zweifel an der Qualität des Bonner Orchesters zu Beethovens Zeit aufkommen, füge ich hier einen Brief ein, den Carl Ludwig Junker, Kaplan, Komponist und Musiker, 1791 in Boßlers Musikalischer Korrespondenz veröffentlichen ließ. Er zeigt, dass sich Beethoven in bester musikalischer Umgebung praktisch bilden lassen konnte:

»Noch etwas vom Kurköllnischen Orchester.

In der musikal. Korresp. Num. 28 kommt eine Beschreibung der kurköllnischen Hof- und Theatermusik vor; ich kann jetzt einige Beiträge zu jenem Nomenklator liefern, da ich seit dem so glücklich war, verschiedene jener Mitglieder kennen zu lernen, und einigemal jenes Orchester zu hören.

Der Kurfürst hält sich, wie bekannt, schon eine geraume Zeit in Mergentheim auf, und hat etlich und zwanzig seiner Kapellisten bei sich. In diesem Mergentheim war es, wo ich zwei der glücklichsten Tage meines

Lebens verlebte (den 11. und 12. Okt.), wo ich die ausgesuchtesten Musiken aufführen hörte, wo ich vortreffliche Künstler kennen lernte, die, wie sie versicherten, schon vor unserer Bekanntschaft meine Freunde waren, und die mich mit einer Güte aufnahmen, die hier meinen lautesten Dank verdienet.

Gleich am ersten Tage hörte ich Tafelmusik, die, so lange der Kurfürst in Mergentheim sich aufhält, alle Tage spielt. Sie ist besetzt mit 2 Oboen, 2 Klarinetten, 2 Fagotts, 2 Hörner. Man kann diese 8 Spieler mit Recht Meister in ihrer Kunst nennen. Selten wird man eine Musik von der Art finden, die so gut zusammenstimmt, so gut sich versteht, und besonders im Tragen des Tons einen so hohen Grad von Wahrheit und Vollkommenheit erreicht hätte, als diese. Auch dadurch schien sie sich mir von ähnlichen Tafelmusiken zu unterscheiden, daß sie auch größere Stücke vorträgt; wie sie denn damals die Ouverture zu M. Don Juan spielte.

Bald nach der Tafelmusik ging das Schauspiel an. Es war ›König Theodor‹, mit Musik von Paisiello. Die Rolle Theodors spielte Hr. Nüdler, besonders stark in tragischen Scenen, zugleich gut in der Aktion. Den Achmet stellte Hr. Spizeter vor, ein guter Baßist, nur zu wenig handelnd, und nicht immer mit Wahrheit; kurz, zu kalt. Der Gastwirth war Hr. Lux, ein sehr guter Baßsänger, und der beste Akteur, ganz geschaffen fürs Komische. Die Rolle der Lisette wurde durch Demoiselle Willmann vorgestellt. Sie singt mit sehr viel Geschmack, hat vortrefflichen Ausdruk, und eine rasche, hinreissende

Aktion. Auch Hr. Mändel im Sandrino war ein sehr guter, gefälliger Sänger. Das Orchester war vortrefflich besetzt; besonders gut wurde das Piano und Forte, und das Crescendo in obacht genommen. Hr. Ries, dieser vortreffliche Partiturleser, dieser große Spieler vom Blatt weg, dirigirte mit der Violin. Er ist ein Mann, der an der Seite eines Cannabichs steht, und durch seinen kräftigen, sichern Bogenstrich allen Geist und Leben giebt.

Eine Einrichtung und Stellung des Orchesters fand ich hier, die ich nirgends sonst gesehen habe, die mir aber sehr zweckmäßig zu sein scheint. Hr. Ries stand nemlich in der Mitte des Orchesters erhöhet, so daß Er von allen gesehen werden konnte, und hart am Theater; gleich unter und hinter ihm war ein Conterviolonist und ein Violonzellspieler. Ihm zur Rechten waren die ersten Violinen (denen gegenüber die zweite), unter diesen die Bratschen (gegenüber die Klarinetten), unter den Bratschen wieder Contreviolon und Violonzell, am Ende die Trompeten. Dem Direktor zur Linken saßen die Blasinstrumente, die Oboen (gegenüber die Fagotts), Flöten, Horns. Die Oper selbst hat so viel Licht und blühendes Colorit, daß sie auf das erstemal einen starken Eindruck macht, und mit sich fortreißt, aber bei öftern Vorstellungen, glaube ich, ist die Komposition für einen deutschen Magen wohl – zu italienisch.

Auf mich wirkte am meisten die Arie, wo der unglückliche König seinen fürchterlichen Traum erzählt. Hier hat der Komponist einigemal mit ausserordentlichem Glück gemalt, ohne ins Läppische zu fallen, und durch die Blasinstrumente eine vortreffliche Schattirung in sein Gemälde gebracht. Ich glaube, es ist im ganzen Stück keine Arie, die so viel große, fürspringende Stellen hat, so tief eingreifend ist, als diese Arie. Ausserdem schien mirs, als ob der Komponist zu viel wiederhole, seinen Gedanken oft zu sehr in langweilige Länge ausdehne, also nicht immer den glücklichen Zielpunkt treffe. Auch waren in den Chören die begleitenden Stimmen zu überladen gesetzt.

Den andern Morgen war um 10 Uhr Probe auf das feierliche Hofkonzert, das gegen 6 Uhr Abends seinen Anfang nahm. Hr. Welsch hatte die Gefälligkeit, mich zu dieser Probe einzuladen; sie war in der Wohnung des Hrn. Ries, der mich mit einem Händedruck empfieng. Diese Probe machte mich zum Augenzeugen von dem guten Vernehmen, in welchem die Kapelle unter sich steht. Da ist ein Herz, ein Sinn! ›Wir wissen nichts von den gewöhnlichen Kaballen und Schikanen; bei uns herrscht die völligste Uebereinstimmung, wir lieben uns brüderlich, als Glieder einer Gesellschaft‹; sagte Hr. Simrock zu mir. Sie machte mich zum Augenzeugen von der Schätzung und Achtung, in welcher diese Kapelle bei ihrem Kurfürsten steht. Gleich beim Anfang der Probe wurde der Direktor Hr. Ries zu seinem Fürsten abgerufen, als er wieder kam, hatte er die Säcke voll Geld. ›Meine Herren, sprach er, der Kurfürst macht ihnen an seinem heutigen Namenstage ein Geschenk von 1000 Thlr.‹ Aber sie machte mich auch zum Zeugen ihrer eigenen Vortrefflichkeit. Hr. Winneberger von Wallerstein legte in dieser Probe eine von ihm gesetzte Sinfonie auf, die gewiß nicht leicht war, weil besonders die Blasinstrumente einige konzertirende Solos hatten. Aber sie gieng gleich das erstemal vor trefflich.

Eine Stunde nach der Tafelmusik gieng das Hofkonzert an. Die Eröffnung geschah durch eine Sinfonie von Mozart, hierauf kam eine Arie mit einem Rezitativ, die Simonetti sang; dann ein Violonzellkonzert, gespielt von Hrn. Romberger. Nun folgte eine Sinfonie von Pleyel, Aria von Simonetti gesungen, von Regini gesetzt. Ein Doppelkonzert für eine Violin und ein Violonzell, von den beiden Hrn. Rombergers fürgetragen. Den Beschluß machte die Sinfonie von Hr. Winneberger, die sehr viele brilliante Stellen hatte. Hier gilt mein oben schon gefälltes Urtheil wieder vollkommen; die Aufführung konnte durchaus nicht pünktlicher seyn, als sie war. Eine solche genaue Beobachtung des Piano, des Forte, des Rinforzando, eine solche Schwellung, und allmählige Anwachsung des Tons, und dann wieder ein Sinkenlassen desselben, von der höchsten Stärke bis zum leisesten Laut, – – dies hörte man ehemals nur in Mannheim. Besonders wird man nicht leicht ein Orchester finden, wo die Violinen und Bässe so durchaus gut besetzt sind, als sie es hier waren. Selbst Hr. Winneberger war vollkommen dieser Meinung, wenn er diese Musik mit der gleichfalls sehr guten Musik in Wallerstein verglich.

Nur noch etwas über einzelne Virtuosen. Hr. Simonetti hat eine überaus angenehme Tenorstimme, und einen süssen reizvollen Vortrag. Er sang nicht nur in diesem Konzert zwei Adagio-Arien, sondern er ist auch, nach der ganzen Art seines Vortrags zu urtheilen, hauptsächlich stark im Adagio, und vorzüglich für dasselbe gemacht. Seine Manieren sind überdem nie überladen, haben etwas neues, und sind sprechend und überredend, als aus der Natur des Stücks gezogen. Seine gefällige, immer etwas lächelnde Miene, und seine ganze schöne Figur erhöhen vielleicht die Eindrücke seines Gesangs. –

Hr. Romberg der jüngere verbindet in seinem Violonzeitspiel eine ausserordentliche Geschwindigkeit mit einem reizvollen Vortrag; dieser Vortrag ist dabei deutlicher und bestimmter, als man ihn bey den meisten Violonzellisten zu hören gewohnt ist. Der Ton, den er aus seinem Instrument zieht, ist überdem, besonders in den Schattenparthien, ausserordentlich schneidend, ferm und eingreifend. Nimmt man Rücksicht auf die Schwierigkeit des Instruments, so möchte man vielleicht sein durchaus bestimmtes Reingreifen, bei dem so ausserordentlich schnellen Vortrag des Allegro, ihm am höchsten anrechnen. Doch dies ist am Ende immer nur mechanische Fertigkeit; der Kenner hat einen andern Maßstab, wornach er die Größe des Virtuosen ausmißt; und dies ist Spielmanier, das Vollkommene des Ausdrucks, oder der sinnlichen Darstellung. Und hier wird der Kenner sich für das sprachvolle Adagio. des Spielers erklären. Es ist ohnmöglich, tiefer in die feinsten Nüanzen einer Empfindung einzugreifen, – ohnmöglich, sie mannigfaltiger zu koloriren, besonders durch Schattirung zu heben, ohnmöglich, genauer die ganz eigenen Töne zu treffen, durch welche diese Empfindung spricht, Töne, die so gerade aufs Herz wirken, als es Hrn. Romberger in seinem Adagio glückt.

Wie kennt er alle Schönheiten des Detail, die in der Natur des Stücks, in der besonderen Art der gegebenen Empfindung liegen, und für welche der Setzer noch keine kenntlichen Abzeichen hat? Welche Wirkungen bringt er herfür, durch das Schwellen seines Tons bis zum stärksten Fortissimo hinauf, und denn wieder durch das Hinsterben desselben im kaum bemerkbaren Pianissimo!!

Herr Romberger der ältere steht an seiner Seite. Auch er zieht aus seiner Violin den reinsten Glaston, auch er verbindet mit einer großen Geschwindigkeit im Spiel das Geschmackvolle des Vortrags; auch er versteht das, was man musikalische Malerei nennen könnte, in einem hohen Grad. Dabei steht er immer in einer so unschenirten, aber auch ungezierten, unmanirten und unaffektirten Stellung und Bewegung da, die nicht immer jedes großen Spielers Sache ist.

Noch hörte ich einen der größten Spieler auf dem Klavier, den lieben guten Bethofen; von welchem in der speierischen Blumenlese vom Jahr 1783 Sachen erschienen, die er schon im 11. Jahr gesetzt hat. Zwar ließ er sich nicht im öffentlichen Konzert hören; weil vielleicht das Instrument seinen Wünschen nicht entsprach; es war ein Spathischer Flügel, und er ist in Bonn gewohnt, nur auf einem Steinischen zu spielen. Indessen, was mir unendlich lieber war, hörte ich ihn phantasiren, ja ich wurde sogar selbst aufgefordert, ihm ein Thema zu Veränderungen aufzugeben. Man kann die Virtuosengröße dieses lieben, leisegestimmten Mannes, wie ich glaube, sicher berechnen, nach dem beinahe unerschöpflichen Reichthum seiner Ideen, nach der ganz eigenen Manier des Ausdrucks seines Spiels, und nach der Fertigkeit, mit welcher er spielt. Ich wüßte also nicht, was ihm zur Größe des Künstlers noch fehlen sollte. Ich habe Voglern auf dem Fortepiano (von seinem Orgelspiel urtheile ich nicht, weil ich ihn nie auf der Orgel hörte) gehört, oft gehört, und Stundenlang gehört, und immer seine außerordentliche Fertigkeit bewundert, aber Bethofen ist ausser der Fertigkeit sprechender, bedeutender, ausdrucksvoller, kurz, mehr für das Herz: also ein so guter Adagio- als Allegrospieler. Selbst die sämmtlichen vortrefflichen Spieler dieser Kapelle sind seine Bewunderer, und ganz Ohr, wenn er spielt. Nur er ist der Bescheidene, ohne alle Ansprüche. Indes gestand er doch, daß er auf seinen Reisen, die ihn sein Kurfürst machen ließ, bei den bekanntesten guten Klavierspielern selten das gefunden habe, was er zu erwarten sich berechtigt geglaubt hätte: Sein Spiel unterscheidet sich auch so sehr von der gewöhnlichen Art das Klavier zu behandeln, daß es scheint, als habe er sich einen ganz eigenen Weg bahnen wollen, um zu dem Ziel der Vollendung zu kommen, an welchem er jetzt steht. Hätte ich dem dringenden Wunsche meines Freundes Bethofen, den auch Hr. Winneberger unterstützte, gefolgt, und wäre noch einen Tag in Mergentheim geblieben, ich glaube, Herr Bethofen hätte mir Stundenlang vorgespielt, und in der Gesellschaft dieser beiden großen Künstler, hätte sich der Tag für mich in einen Tag der süssesten Wonne verwandelt.

Ich schließe mit einigen Bemerkungen überhaupt.

1. Der Kurfürst hatte von seiner Kapelle, die aus etlichen und 50 Gliedern besteht, (und deren Beschreibung Num. 28 der musik. Korresp. nicht ganz richtig ist, und von Herrn Neefe verbessert werden wird) nur etlich und 20 bei sich, aber vielleicht den Kern derselben, obgleich die Herrn Neefe und Reicha fehlten. Auf den erstern freute ich mich vorzüglich, da es unter meine alten Wünsche gehört, ihn kennen zu lernen.

2. Den Vorzug dieser Kapelle kann man im Ganzen, wie schon oben gesagt, vielleicht am sichersten darnach bestimmen, daß die Geigen und Bässe ohne Ausnahme so trefflich besetzt sind.

3. Den Einklang und die Harmonie dieser Kapelle unter sich, habe ich gleichfalls schon oben gerühmt. Ich war Augenzeuge davon, und hörte die Bekräftigung dieser Aussage von mehreren glaubwürdigen Männern, selbst von dem Kammerdiener des Kurfürsten, der doch die Sache wissen kann.

4. Ueberhaupt ist das Betragen dieser Kapellisten sehr rein und sittlich. Es sind Leute von einem sehr eleganten Ton, von einer sehr guten Lebensart. Eine größere Dißkrezion kann man wohl nicht finden, als ich hier

fand. Den armen Spielern wurde im Konzert so sehr zugesetzt, sie wurden von der Menge der Zuhörer so gepreßt, so eingeschlossen, daß sie kaum spielen konnten, und daß ihnen der helle Schweiß über das Gesicht lief; aber sie ertrugen dies alles ruhig und gelassen, man sah keine unzufriedene Miene an ihnen. An dem Hofe eines kleinen Fürsten hätte es hier Sottisen über Sottisen gesetzt.

5. Die Glieder dieser Kapelle befinden sich fast alle, ohne Ausnahme, noch in den besten jugendlichen Jahren, und in dem Zustand einer blühenden Gesundheit, sind wohl gebildet und gut gewachsen. Ein frappanter Anblick, wenn man die prächtige Uniform noch dazu nimmt, in welche sie ihr Fürst kleiden ließ. Diese ist roth, reich mit Gold besetzt.

6. Man war vielleicht bisher gewohnt, unter Kölln sich ein Land der Finsterniß zu denken, in welchem die Aufklärung noch keinen Fuß gefaßt. Man wird aber ganz anderer Meinung, wenn man an den Hof des Kurfürsten kommt. Besonders an den Kapellisten fand ich ganz aufgeklärte, gesund denkende Männer.

7. Der Kurfürst, dieser menschlichste und beste aller Fürsten, ist nicht nur, wie bekannt, selbst Spieler, sondern auch enthusiastischer Liebhaber der Tonkunst. Es scheint, als könnte er sich nicht satt hören. Im Konzert, dem ich beiwohnte, war er – Er nur, der aufmerksamste Zuhörer.«

2.
Der Kampf um die Vormundschaft

»An den Wohllöblichen Magistrat der
k. k. Residenzstadt Wien
Ludwig van Beethoven
in vormundschaftlicher Angelegenheit.
|: nebst einer Beilage:«

Wohllöblicher Magistrat!

Da ich von der künftigen Erziehung reden soll, so scheint mir am zweckmäßigsten von der schon jetzt bestehenden anzufangen, woraus erhellt, daß jede andere Veränderung nur zum Nachtheile meines Neffen dienen kann, daß er einen Hofmeister habe, ist scheu angezeigt worden, welchen er auch fortwährend behält, damit aber sein Eifer noch mehr erweckt werde, so lasse ich ihn in Begleitung des Hofmeisters seine Studien beim Herrn v. *Kudlich* dem Vorsteher eines Institutes in meiner Nähe auf der Landstraße fortsezen, er ist hier nur in Gesellschaft eines einzigen Knaben dem Sohne eines *Baron Lang*, und unter beständiger Aufsicht, während der Zeit er sich dort befindet, hiebey kommt ihm noch besondere zu gute, daß Herr v. *Kudlich* ganz nach der gründlichen Methode bei der Universität lehrt oder selbe ausübt, welche alle Kenner wie auch ich für die Beste halten, u. welche öfter nicht jeder Hofmeister besitzt, und daher für den Zögling einige Störungen bey den Prüfungen entstehen, hiezu komt nun noch der besondere Unterricht im Französischen u. im Zeichnen, in der Musik und so ist er den ganzen Tag nicht allein nüzlich u. angenehm beschäftigt, sondern auch unter beständiger so nöthige Aufsicht, überdieß habe ich einen Vater von geistlichen gefunden, der ihn über seine Pflichten als christ, als Mensch noch besonders unterrichtet, denn nur auf diesem Grunde können ächte Menschen gezogen werden, später gegen den Sommer zu wird er sich auch schon im Grichischen umsehen, man sieht woll, daß keine kosten von mir gescheut werden, um den schönen Zweck, einen nützlichen und gesitteten Staatsbürger dem Staate zu geben, zu erreichen, die jetzige Einrichtung läßt nichts zu wünschen übrig. Es braucht daher keiner Veränderung, sollte ich aber die Nothwendigkeit davon einsehen, so werde ich das noch bessere auf das gewissenhafteste vorschlagen und besorgen; – jeder Mensch der kein Handwerker wird, er mag werden was er will, muß wenigstens 5–6 Schulen studirt haben, in dieser Zeit läßt sich dann bemerken, wozu Neigungen und Anlagen führen, wird er ein Staats-Beamter, wird er ein Gelehrter, so kann der Grund nie anders als auf di ese Art gelegt werden, die außerordentliche Anlage und zum Theil wieder seine Eigenheiten erfordern auch außerordentliche Mittel, und nie handelte ich wohlthätiger und größer, als eben wo ich meinen Neffen zu mir genommen und selbst seine Erziehung besorgte, hat |: nach *Plutarch*:| ein Philippus seiner nicht unwerth geachtet, die Erziehung seines Sohnes *Alexander* selbst zu leiten, u. ihm den großen *Aristoteles* zum Lehrer zu geben, weil er die gewöhnlichen Lehrer hiezu nicht geeignet fand, hat ein *Laudon* selbst die Erziehung seines Sohnes geleitet, warum sollten d. g. schöne erhabene Erscheinungen nicht auch aus andern wieder hervorgehen, Mein Neffe war schon bei seines Vaters Lebzeiten an mich von ihm angewiesen, u. ich gestehe, ich fühle mich mehr als irgend jemand dazu berufen meinen Neffen schon durch mein eigenes Beispiel zur Tugend und Thätigkeit anzufeuern, Konvickte und Institute haben für ihn nicht genug Aufsicht, u. alle Gelehrte, worunter sich ein Professor *Stein* ein Professor |: der Pädagogik:| *Simerdinger* befindet, stimmen mit mir überein, daß es für ihn dort durchaus nicht geeignet sey, ja sie behaupten sogar, daß der meiste Theil der Jugend verdorben von dort herauskomme, ja sogar manche als gesittet ein u. als ungesittet wieder heraustreten, leider muß ich diesen Erfahrungen und Ansichten dieser Männer und mancher Eltern beytreten; – hätte die Mutter ihre Bösartigkeit unterdrücken können u. meinen Anstalten ruhige Entwickelung zugelassen, so würde jetzt schon ein ganz günstiges Resultat aus meinen bisherigen Verfügungen hervorgegangen sein, wenn aber eine Mutter von dieser Art ihr Kind sucht in die Heimlichkeiten ihrer gemeinen und selbst schlechten Umgebungen zu verwickeln ihn zur Verstellung in diesen zarten Jahren |: eine Pest für Kinder!!!:| zur

Bestechung meiner Dienstbothen, zur Unwahrheit verführt, indem sie ihn verlacht, wenn er die Wahrheit sagt, ja ihm selbst Geld gibt, ihm Lüfte und Begierden zu erwecken, welche ihm schädlich sind, ihm sagt, daß das lauter Kleinigkeiten sind, was ihm bei mir und andern als große Fehler angerechnet werden, so ist dies ohnehin schwere Geschäft noch schwerer und gefährlicher, man glaube aber nicht, daß, als mein Neffe im Institut war, sie sich anders betragen habe, doch auch hiefür ist ein neuer Damm angelegt worden, außer dem Hofmeister wird eine Frau vom Stande in mein Haus eintreten, welche die Haushaltung besorgt, u. welche sich keineswegs bestechen von ihr lassen wird, u. so die Aufsicht für meinen Neffen noch vermehrt wird, heimliche Zusammenkünfte des Sohnes mit der Mutter dringen immer nachtheilige Folgen hervor, allein dies nur will sie weil sie unter wirklichen gutgesitteten und gutgearteten Menschen sich gerade am Schlechtesten zu befinden scheint. – Es sind so viele mich entehrende Beschuldigungen vorgekommen und von solchen Menschen, daß ich darüber gar nicht einmal sprechen sollte, indem mein Moralischer Carakter nicht allein allgemein und öffentlich anerkannt, sondern selbst vorzügliche Schriftsteller wie *Weissenbach* u. a. es der Mühe werth hielten, darüber zu schreiben und daß nur Partheylichkeit mir etwas mich erniedrigendes zumuthen kann, ohnerachtet dessen halte ich für nöthig, manches dahin zielende zu erläutern – was meines Neffen Vermögen betrifft, so hat er 7000 fl. W. W. auf dem verkauften Hause seiner Mutter liegen, wovon die Mutter die Nutznießung hat, außerdem hat er 2200 fl. W.W. in Münzobligationen, und die Hälfte der Pension der Mutter, was die 2200 fl. betrift so waren es nur 2000 fl. W.W, welche ich aber mit Kosten |: wie bei dem L.M. angezeigt:| in Münz zu 2200 fl. umgesetzt habe; sowohl die Hälfte der Pension als die 2000 f. sind nichts als eine Entschädigung für den 4ten Theil vom Hauszins, wovon er nie etwas erhalten, so lange die Mutter das Haus hatte, welches sie von 1815 im November bis 1818 u. wohl 7–8 Monate darüber ganz für sich besessen, ohnerachtet dem Sohne immer der 4te Theil des Hauszinses gebührte; – man sieht hieraus, daß der Vergleich eben nicht der vortheilhafteste für ihn war, denn stirbt oder heirathet die Mutter, so verliehrt er den ganzen Theil der Pension, es war aber mit Menschen, deren Unredlichkeit die L.M. schon bei der Inventur einsahen, nichts zu machen, und man mußte sich noch freuen, dieses dem Kinde gerettet zu haben, ohnehin habe ich nur immer auf sein Seelenheil gedacht, d.i. ihn dem Einflusse der Mutter zu entziehen, Glücksgüter lassen sich erwerben, Moralität muß aber früh |: besonders wenn ein Kind schon das Unglück hatte diese Muttermilch einzusaugen ja mehrere Jahre unter ihrer Obhut und unter selber gänzlich gemißbraucht wurde, selbst den Vater mitbetriegen helfen mußte :| eingeimpft werden, und ohnehin erbt er mich, selbst jetzt schon würde ich ihm so viel hinterlassen, daß er davon allein ohne zu darben seine Studien bis zur Zeit einer Anstellung fortsetzen könnte, nur Ruhe u. keine weitere Einmischung der Mutter ist alles, was wir brauchen, und gewiß; bald wird das schöne von mir vorgesteckte Ziel erreicht werden. – Da man auch über das was ich schon erhalten gesprochen, so ist dieses leicht zu berechnen, im Mai 1817 ward der Vergleich geschlossen im Monate 8ber 1817 wurden die Rückstände der Pension der Mutter ausbezahlt, allein sie wollte nicht bezahlen, u. ich mußte sie gerichtlich dazu zwingen, die Rechnung davon befindet sich ebenfalls unter den Papieren von den L. R. u. nur ein unbeträchtlicher Theil blieb noch übrig, 1818 am 19. May bezog ich das erste von der Pension, u. ebenfalls 1818 im Februar das erste von den Interessen der Münzobligationen u. nun habe ich seit 6 vollen Monaten keinen Heller von der Pension erhalten, indem sie selbe nicht genommen wie schon früher auch, und ich selbe nur nach ihr erheben kann, man sieht hieraus, daß ohnerachtet dieses mein Neffe in meinen Anstalten für die Erziehung nicht im mindesten leidet. Es ist auch zu ersehen, daß mancher Graf und Baron sich dieser Erziehungs-Anstalten nicht schämen dürfte und es gibt Edelleute, welche diesen Aufwand weder machen noch auch machen können, ich rechne gar nicht auf diesen armseligen Beytrag, mein früherer Vorsaz war, ihr die ganze Pension aus meinem Sacke zu bezahlen, allein ihre Unmoralität ihr schlechtes Benehmen gegen ihr eigenes Kind und mich hat mich belehrt, daß dies nur die Mittel zu ihren Ausartungen noch befördern würde. – Aue dem Testamente meines armen unglücklichen Bruders |: durch Sie:| geht hervor, wie sehr darin meine Wohlthaten anerkannt, da [die] ich ihm erwiesen, und wie sehr er mir dafür gedankt, nun – ich habe sie auch auf seinen Sohn übergehen lassen, gleich nach seinem Tode, welcher 1815 am 15 November erfolgte, sorgte ich schon für ihn noch während seines Aufenthaltes bey seiner Mutter schon nicht ohne beträchtliche Ausgaben, u. sobald er aus dem Hause in das Institut kam u. alsdann zu mir ward seine Erziehung ganz auf meine Kosten bis beinahe 1818 bestritten, was für einen Zweck könnte ich bei diesem elenden Beytrage, der hier beygelegt ist, haben, welcher Eigennutz ist mir zuzuschreiben, gewiß kein anderer, als den ich bei meinem Bruder hatte, wohlzuthun u. das doppelte Bewußtsein, gut gehandelt u. dem Staate einen würdigen Bürger erzogen zu haben! – Nach Anfechtung auch sogar der Vormundschaft ist ebenfalls aus dem Testamente zu ersehen, daß mein Bruder mich als alleinigen Vormund darin eingesetzt, das *Codizill* – es wurde ihm in Todesschwäche schon begriffen entrissen, u. mein Eid u. der Eid einer Frau können es bestätigen, daß er mich mehrmal in die Stadt geschickt, um selbes zurückzunehmen bey *Dr. Schönauer, Dr. Adlersburg*, welchen die L. R. zum Mit-Curator, weil sie kein Vertrauen zu ersterm hatten, vorschlugen, nahm gar kein Bedenken, diesen Umständen, obschon nicht die erforderliche Zahl Zeugen war, gänzlichen gerichtlichen Glauben u. Gültigkeit beyzumessen u. sie als Gegengründe in seiner Schrift wider das *Codizill* anzuführen, obschon ohnehin die Gesetze überhaupt die Mutter von der Vormundschaft ausschließen, und dem zu, Folge Sie auch von der L. R. von allem Einflusse auf Erziehung und Umgang ausgeschlossen wurde, wollte man hieran ändern, so entstände wieder große Gefahr für den Knaben, u. an der Mutter ist durch aus nichts mehr zu bessern, sie ist zu verdorben, wohl aber kann die zarte Pflanze mein Neffe in ihrem Aufblühen durch giftiges Anhauchen zerknickt werden, u. keine kleine Verantwortlichkeit wäre es, ihn in diesen Zustand zu versetzen, ich könnte leichtsinnig u. endlich ermüdend mich finden lassen, bei so vielen Schikanen Verläumdungen, jedoch nein, ich will beweisen, daß welcher gut und edel handelt, auch dafür Mißhandlungen ertragen kann, u. nie sein edles, vorgestecktes Ziel aus den Augen verlieren muß, geschworen habe ich, sein Bestes zu vertreten bis an das Ende meines Lebens u. wenn auch nicht, so läßt sich von meinem Carakter und meinen Gesinnungen nur dasjenige erwarten, was für meinen Neffen in allen Beziehungen das Vortheilhafteste ist. – Sollte ich nun noch von den Intriguen eines Herrn Hofkonzipisten *Honschowa* [Hotschevar] gegen mich sprechen, oder von einem Pfarrer von *Mödling*, welcher verachtet von seiner Gemeinde, im Rufe steht verbothenen Umgang zu haben, seine Schüler soldatenmäßig auf die Bank legen läßt, um abgeprügelt zu werden, und mir nicht verzeihen konnte, daß ich ihn übersah und durchaus meinen Neffen nicht mit Prügel viehisch behandelt haben wollte, sollte ich? nein schon die Verbindung beider Männer mit der Frau *van Beethoven* ist Zeugniß genug wider sie beyde, und gerade nur solche konnten sich auch mit ihr wider mich verbinden. – ich wiederhole hier, daß ich unerschütterlich das mir schöne vorgesteckte Ziel, die Wohlfahrt meines Neffen betreffend, in intellektueller Moralisch er u. phisischer Hinsicht, verfolgen werde, jedoch bedarf nichts so sehr eines ruhigen Ganges als Erziehung, hiezu gehört mit, daß die Frau v. *Beethoven* einmal für allemal abgewiesen werde, welches der Zweck der letzten Komission bei der L. R. war, um welche ich selbst gebeten und selbe selbst mit veranstaltet habe, damit aber auch von meiner Seite geschehe, was diese erwünschte Ruhe befördert, so werde ich selbst einen Mit-Vormund vorschlagen welchen ich heute schon genannt hätte, wäre ich nicht noch unschlüssig über die Wahl desselben – was das Appeliren betrifft, so steht dieses natürlich jedem frey, ich fürchte dieses gar nicht, werde aber sobald das mit mir aufs engste zusammenhängende Wohl meines Neffen gefährdet werden sollte ebenfalls sogleich die *Appelation* ergreifen, zwischen einem Gesetze überhaupt und seinen Folgen wird an keinem Orte ein Unterschied gemacht werden – eine gänzliche Abweisung der Fr. v. *Beethoven* wird immer noch ein günstiges anderes Resultat herbeiführen, denn einsehend, daß ihre Kabalen das gute nicht unterdrücken können, wird sie Großmuth und Schonung schon so oft an ihr von mir versucht, nicht ferner mehr verschmähen, u. dieses unangenehme Dunkel würde so viel als es die Umstände zulassen in einen heitern Tag verwandelt werden können. möge doch aus allem hervorgehen daß, wie ich schon Wohlthäter des Vaters meines Neffen war, ich noch ein viel größerer Wohlthäter seines Sohnes verdiene genannt zu werden, ja mit Recht sein Vater, kein heimliches noch öffentliches Interesse kann mir dabei, als für das gute Selbst zugeschrieben werden, ja die L.R. haben dieses selbst eingesehen, u. mir Dank abgestattet für meine Vatersorge.

Ludwig van Beethoven
Vormund
meines Neffen
Karl *van Beethoven.*
Wien am 1. Februar [1819]

3.
Die Neunte

Ein kleiner Exkurs über die »Neunte« anlässlich der Zusammenführung der Handschriften in der Preußischen Staatsbibliothek und überhaupt: dass man mal Bescheid weiß, wenn die Euro-Hymne ertönt

Hält man das Autograph, die Handschrift von op 125, der Neunten von Ludwig van Beethoven in der Hand, läuft einem schon ein Schauer der Ehrfurcht über den Rücken. Eines der größten Kunstwerke der Menschheit, ohne Zweifel.

Wie sehr Beethoven im Autograph, also der Fassung von letzter Hand, immer wieder geändert, gestrichen, überschrieben, ausradiert hat, zeigt, dass wir beim Lesen der Handschrift nicht einfach nur eine Partitur vor uns haben, sondern dass wir Zeugen des kreativen Prozesses sind, der schließlich zur Neunten geführt hat.

Bei der Autograph-Edition haben Sie nicht nur die Möglichkeit, die Neunte anhand der Partitur zu verfolgen, Sie können auch vier Interpretationen – vier große Interpretationen – miteinander vergleichen und so einen weiteren kreativen Prozess verfolgen, den der Interpretation. Sie werden sehen, was für ein spannendes Abenteuer das ist und ein schönes obendrein.

Wenn man allerdings genauer hinguckt, erschauert man auch in Ehrfurcht vor der Entzifferungskunst der Kopisten. Kein Wunder, dass sich beim Abschreiben seiner Handschrift immer wieder Fehler eingeschlichen haben, kein Wunder, dass Beethoven ständig Krach mit seinen Kopisten hatte.

Nun hat sich Ludwig van Beethoven mit dieser Neunten blutig schwergetan. Als 1822, dem Jahr, in dem er an der Neunten arbeitete, Rossini nach Wien kam – ganz Wien taumelte im Rausch seiner göttlichen Melodien, der Schwan aus Pesaro war *das* Stadtgespräch und *der* Erfolg –, besuchte er Ludwig van Beethoven (den er immens verehrte) und war vom durchtropfenden Dach in der armseligen Behausung in der Landstraße 244, 2. Stock, heute im III. Bezirk, extrem beeindruckt. Als dann Beethoven ihn mit den Worten »Ah! Un infelice – Ach! Ein Unglücklicher!« verabschiedete, war Rossini über die offenkundige materielle Erfolglosigkeit des größten Komponisten seiner Zeit so betroffen, dass er beschloss, mit dem Komponieren aufzuhören – was er denn auch wenige Jahre später tat, um sich erfolgreicheren Dingen zuzuwenden wie Salons abzuhalten und geniale Rezepte zu erfinden.

Ob Beethoven jammerte, um vom reichen Rossini einen kleinen Obolus zu ergattern (in Gelddingen hatte Beethoven ja immer wieder recht eigenwillige Einfälle, denken wir nur an die Tricks mit dem Verkauf ein und desselben Werks an mehrere Verleger etc.) oder ob er es sagte, weil er gerade über den letzten Takten der missa solemnis saß und im Kopfe schon die Neunte formte – der Nachwelt wird dies ein ewiges Rätsel bleiben.

Nachdem der Wiener Kongress seinen Untertanen die Sohlen von den Schuhen getanzt hatte – Österreich hat sich bis heute davon nicht erholen können – und allenthalben nach neuen Wegen gesucht wurde (so gesehen war Schubert schon durchs Zielband gelaufen: er hat 1822 seine Unvollendete geschrieben und damit ungeahnte neue Wege aufgezeigt), setzte sich im Herbst 1822 unser Ludwig an die Neunte. Wie schwer er sich mit ihr getan hat, sieht man daran, dass er im ersten Satz volle 17 Takte braucht, bis er endlich die Grundtonart d-Moll findet.

Gut, Scherz beiseite: Seien wir froh, dass er aus Schillers Ode an die Freude nur die wirklich großen Sätze genommen hat, um sie zur Unsterblichkeit zu tragen. Er hätte – und sein rheinisches Temperament hätte das sicherlich verziehen – ja auch eine spätere Stelle der Schiller'schen Ode nehmen können, wo es heißt:

Brüder, fliegt von euren Sitzen,
Wenn der volle Römer kreist,
Laßt den Schaum zum Himmel sprützen:
Dieses Glas dem guten Geist.

Vielleicht hat ihn der ewig nörgelnde Schindler, der als Hans-Moser-Vorläufer sicher Triumphe hätte feiern können, davon abhalten können. Zum Glück. Die Neunte wäre sonst sicher in Gefilde abgedriftet, in die wir ihr nicht gerne folgen würden.

Am 7. Mai 1824 wurde die Neunte im Rahmen einer Akademie im Kärntnertortheater in Wien uraufgeführt. Drei Proben (in Worten: drei!) gingen der Uraufführung voraus, was die Rezensenten der Uraufführung zu ausführlichen Besprechungen führte, nach dem Tenor: ein Wunder, dass die Neunte trotz so schlechter Vorbereitung imponierte. Da haben ja selbst die Gebrüder Schrammel ihre Heurigen-Lieder öfter geprobt, bis sie sie bei der Resi-Tant den Wienern ins Herz geträufelt haben. Gut: Is was anderes. Schrammelmusik ist dem Wiener allemal näher als Schillers Ode an die Freude – weil's halt sooo hochdeutsch is! Friedrich August Kanne, der Rezensent der »Wiener allgemeinen musikalischen Zeitung« geht sogar so weit, dass er schreibt:

»Der treffliche Capellmeister Herr Umlauf … steht in jeder Beziehung Oben an, denn seiner Kunstfertigkeit verdankte man an beiden Tagen der Exekutierung den größtentheils glücklichen Erfolg bei einem so schweren Unternehmen.«

No, wie muss *das* denn damals geklungen haben! Zum Glück war Beethoven da schon so taub, dass er das nicht mehr miterleben musste.

Die »Allgemeine musikalische Zeitung« aus Leipzig schrieb:

»Große musikalische Akademie des Hrn. Ludwig van Beethoven, Ehrenmitgliedes der königl. Akademien der Künste und Wissenschaften zu Stockholm und Amsterdam, dann Ehrenbürgers von Wien, worin seine neuesten Werke producirt wurden, nämlich: 1. Grosse Ouvertüre; 2. Drey grosse Hymnen, mit Solo- und Chorstimmen; 3. Grosse Symphonie, mit im Finale eintretenden Solo- und Chorstimmen auf Schillers *Lied an die Freude*. Die Solo's sangen die Demoiselles Sonntag und Unger, die Herren Haitzinger und Seipelt; der Musikverein verstärkte das Orchester und den Chor, Hr. Schuppanzigh dirigirte an der Violine, Hr. Kapellmeister Umlauf führte den Commandostab, und der Tonsetzer selbst nahm an der Leitung des Ganzen Antheil: er stand nämlich dem amtierenden Marschall zur Seite, und fixierte den Eintritt eines jeden Tempo, in seiner Original-Partitur nachlesend, denn einen höhern Genuß gestattet ihm leider der Zustand seiner Gehörswerkzeuge nicht. Aber wo soll ich Worte hernehmen, meinen theilnehmenden Lesern Bericht zu erstatten über diese Riesenwerke, und zwar nach *einer*, hinsichtlich der Gesangspartie wenigstens noch keinesweges genugsam abgerundeten Production, wozu auch die stattfindenden drey Proben bey so außergewöhnlichen Schwierigkeiten, nicht hinreichen, mithin auch weder von einer imponirenden Gesammtkraft, noch von einer gehörigen Vertheilung von Licht und Schatten, vollkommener Sicherheit der Intonation, von feineren Tinten und nuancirtem Vortrag eigentlich die Rede seyn konnte. Und dennoch war der Eindruck unbeschreiblich groß und herrlich, der Jubelbeyfall enthusiastisch, welcher dem erhabenen Meister aus voller Brust gezollt wurde, dessen unerschöpfliches Genie uns eine neue Welt erschloß, nie gehörte, nie geahnte Wunder-Geheimnisse der heiligen Kunst entschleyerte!«

Die »Wiener allgemeine musikalische Zeitung« führt mit besonderer Rücksicht auf den österreichischen Kaiserstaat aus:

»Der berühmte Beethoven kann diesen Tag als einen seiner schönsten im Leben betrachten, denn der Enthusiasmus der Zuhörer erreichte nach jedem Tonstücke von seiner Meisterhand den höchsten denkbaren Grad. Es war ein Tag der Feyer für alle wahren Freunde der Musik.«

Aber es gab auch kritische Stimmen. Die »Berliner allgemeine musikalische Zeitung« bemerkt süffisant über den letzten Satz:

»Ich will die groteske Art, wie der Gesang eingeleitet wird, noch gar nicht in Anschlag bringen – wie zuerst die Kontrabässe ein Recitativ-Solo aborgeln und brummen ... und nun endlich das eigenthümliche Thema gleichsam nur gezeigt wird, worauf es wild, wie bei einem wilden Bacchanale durcheinander geht, einige Abspannung eintritt, endlich die Solo-Baßstimme das Wort nimmt und in einem höchst prosaischen Aufruf ... ohngefähr die Worte recitiert: ›Ihr Freunde, ich Brüder, nicht diese Töne, nein andere etc. laßt uns anstimmen.‹

Wie konnte ein Mann, der Göthes Geist im Egmont so tief erfaßt hat, solche Trivialität dem Schillerschen Hymnus zur Einleitung geben?«

Auf den Punkt bringt die »Allgemeine musikalische Zeitung« die Empörung, wenn sie 1826 schreibt:

»Der letzte Satz … spielt völlig in den unglückseligen Wohnungen derer, die vom Himmel gestürzt sind. Es ist als ob die Geister der Tiefe ein Fest des Hohnes über Alles, was Menschenfreude heißt, feyerten.«

Und selbst Louis Spohr, ein, wie wir wissen, ansonsten recht feinsinniger Mensch und Komponist, geifert:

»… und gestehe frei, daß ich den letzten Arbeiten Beethovens nie habe Geschmack abgewinnen können. Ja, bei mir beginnt das schon bei der viel bewunderten neunten Symphonie, deren drei erste Sätze mir, trotz einzelner Genieblitze, schlechter vorkommen als sämtliche der acht frühern Symphonien, deren vierter Satz mir aber so monströs und geschmacklos und in seiner Auffassung der Schiller'schen Ode so trivial erscheint, daß ich immer noch nicht begreifen kann, wie ihn ein Genius wie der Beethovensche so niederschreiben konnte. Ich finde darin einen Beleg zu dem, was ich schon in Wien bemerkte, daß es Beethoven an ästhetischer Bildung und an Schönheitssinn fehlte.«

Lange noch hat die Neunte die Meinungen polarisiert. Mein geliebter Julius Schuberth schreibt noch 1864 in seinem »Kleinen musikalischen Conversations-Lexikon« – einem wundervoll subjektiven Nachschlagewerk voller köstlicher Irrtümer und Anmaßungen – zur Neunten:

»Seine 9. Sinfonie wird von einigen Kritikern als Beethoven's größtes Werk bezeichnet; – ja, im Umfange gewiß – aber schwerlich was innere Tiefe u. Genialität betrifft, auch ist der im Finale erscheinende Chor von keiner steigernden Wirkung; die Sinfonien in D und A [die 2. und die 7.] dürften sogar höher stehen als seine 9te.«

Gut, vielleicht war seine Frau Sopran im Chor und musste von ihrem Julius nach der Neunten immer erst mal beatmet werden! Weil: Es ist wirklich eine Zumutung! Fünfzig Minuten stehen die Damen und Herren vom Chor dumm herum und dann müssen die Soprane ein hohes a nach dem anderen in den Saal knallen, das geht kaum ohne Mund-zu-Mund-Beatmung!

Aber dann hat sich doch langsam höchste Wertschätzung der Neunten durchgesetzt. Das muss ja nicht gleich so arrogant daherkommen wie bei Gustav Mahler, der auf die Frage, ob die »Leute« die Neunte verstünden, sagte:

»Du fragst, ob sie Beethoven heute verstehen? Was fällt dir ein! Weil sie mit seinen Werken aufgewachsen sind, weil er ›anerkannt‹ ist, hören, spielen und lieben sie ihn vielleicht, aber nicht, weil sie seinem Fluge zu folgen vermöchten. Die können mit ihren Triefaugen *nie* in die Sonne schauen.«

Das Gescheiteste – und in seiner heutigen Aktualität geradezu beängstigend visionär Wirkende – hat Claude

Debussy in einem seiner insgesamt köstlichen Monsieur-Croche-Aufsätze geschrieben:

»Man hat die Neunte Symphonie in einen Nebel von hohen Worten und schmückenden Beiworten gehüllt. Sie ist – neben dem berühmten ›Lächeln der Mona Lisa‹, dem mit seltsamer Beharrlichkeit das Etikett ›geheimnisvoll‹ anhaftet – das Meisterwerk, über das am meisten Unsinn verbreitet wurde. Man muß sich nur wundern, daß es unter dem Wust von Geschreibe, den es hervorgerufen hat, nicht schon längst begraben liegt. Wagner schlug instrumentale Retuschen vor; andere planten, mit Hilfe von Lichtbildern den Inhalt zu erläutern. Schließlich machte man aus diesem so mächtigen und klaren Werk einen Popanz zur öffentlichen Verehrung. Angenommen, diese Symphonie würde wirklich ein Geheimnis in sich bergen, so ließe sich dieses vielleicht ergründen, aber wem nützte es? Beethoven war nicht für zwei Sous literarisch, zumindest nicht in dem Sinn, den das Wort heute hat. Er liebte die Musik mit hochgemutem Stolz; sie war für ihn jene Leidenschaft und Freude, die er in seinem persönlichen Leben so bitter entbehren mußte. Vielleicht hat man in der Neunten Symphonie einfach den zur Übersteigerung getriebenen Ausdruck eines musikalischen Stolzes zu sehen – und weiter nichts. Ein kleines Heft, in dem Beethoven mehr als zweihundert verschiedene Abwandlungen der Leitidee zum Finale dieser Symphonie skizzierte, zeigt, wie hartnäckig er suchte und wie reinmusikalisch sein Denken war, das ihn leitete (die Verse von Schiller haben dabei wirklich nur eine klangliche Bedeutung). Er wollte, daß diese Idee ihre eigenen virtuellen Entwicklungskräfte besäße, und wenn sie in sich von wundersamer Schönheit ist, so ist sie wundersam durch all das, womit sie seine Erwartung erfüllte. Es gibt kein glänzenderes Beispiel für die Dehnbarkeit einer Idee innerhalb der ihr gesetzten Form; jede Abwandlung bringt neue Freude, ohne daß der Eindruck von Anstrengung oder Wiederholung entstünde; es ist wie ein Wunder, wie das Aufblühen eines Baumes, dessen Knospen alle mit einem Mal aufbrechen. Nichts ist überflüssig in diesem architektonisch so weitgespannten Werk, nicht einmal das Andante, das neuere Ästhetik übergroßer Länge zeiht; bildet es nicht den sensibel gesetzten Ruhepunkt zwischen der rhythmischen Beharrlichkeit des Scherzos und der instrumentalen Sturzflut, mit der die Stimmen unwiderstehlich zum Glanz des Finales treiben? Im übrigen hatte dieser Beethoven bereits acht Symphonien geschrieben, und die Neun mußte für ihn eine fast schicksalhafte Bedeutung annehmen; in ihm lebte der Wille, über sich selbst hinauszuwachsen. Ich verstehe nicht, wie man bezweifeln kann, daß ihm dies gelungen ist. Eine überströmende Menschlichkeit sprengt die herkömmlichen Grenzen der Symphonie; sie bricht aus seiner freiheitstrunkenen Seele hervor, die sich in ironischer Schicksalsverkettung an den goldenen Gittern wundstieß, in denen die nicht nur wohltätige Freundschaft der Großen sie gefangen hielt. Beethoven mußte mit allen Fasern seines Wesens darunter leiden und glühend danach verlangen, daß ihm die Humanität zum all-einigenden Ausdruck werde: daher dieser tausendstimmige Anruf seines Genius an die niedrigsten und ärmsten seiner Brüder. Ist er von ihnen gehört worden? Beunruhigende Frage.«

Heute ist es leider schon ein bisschen so, wie es der Dirigent Michael Gielen einmal angewidert ausdrückte, dass nämlich die »Neunte zum Feierstück verkommen ist und nicht nur zu Geburtstagen, sondern zu Einweihungen und zum Vatertag und ich weiß nicht was wozu sonst gespielt wird«.

Schauen wir uns aber die Neunte doch auch mal unter einem Aspekt (einem extrem subjektiven, wie ich gerne zugebe) an, den man mit Hit und Flops bezeichnen könnte. Wo sind die denn?

Der erste Hit ist, dass die Grundtonart d-Moll erst in Takt 17 auftaucht, das ist schon ziemlich verwegen, die Symphonie fängt also mit der Dominante an!

Ansonsten muss man sagen, dass dieser erste Satz nach Meinung vieler Musiker der komplizierteste von allen ist, wobei das Berauschende daran ist, dass Beethoven aus dem quasi minimalistischen Thema ein gigantisches Puzzle entstehen lässt: Wer es hören kann, ist fertig mit der Welt, den anderen ist nicht zu helfen.

Ein Hit ist auch die »Schubert-Stelle« ab Takt 339, wo das Holz eine leichte Tanzbewegung hat, das von zwei 16teln und einem 8tel in Trompeten und Streichern abgefedert wird.

Takt 513 bis zum Schluss des ersten Satzes ist ebenfalls als grandiose Steigerung ein Maxi-Hit.

Im zweiten Satz hat die Pauke nach den beiden Streichereinsätzen gleich zu Beginn in Takt 5 einen Mega-Hit: Mit diesen drei Schlägen ist von Anfang an absolut klar, was hier Sache ist!

Die Pauke hat dann noch mal in Takt 198, 201 und 204 eine zentrale Rolle (das ist die Stelle mit dem »Schlachtengetümmel«!); dann wäre die »Dvořák-Stelle« zu erwähnen (Takt 438 – 460), wo im Trio Horn und dann Fagott über dem Staccato der Geigen wunderbare Bögen spielen.

Natürlich sind auch die drei Schlusstakte ein Hit: zum einen, weil man weiß: aha, Ende!, zum anderen, weil sie grandios sind.

Der dritte Satz ist insgesamt ein Hit, falls es dem Dirigenten und dem Orchester gelingt, ihn atmen zu lassen.

Im vierten Satz ist natürlich der »Titelsong« der Hit, und zwar ziemlich am Anfang, Takt 77 – 80, wenn Oboen, Klarinetten und Fagotte es vortragen.

Hit ist auch die Idee, Violoncelli und Kontrabässe Rezitativ spielen zu lassen (am Beginn des Satzes) und die Idee, dass sich die Themen der vorangegangenen Sätze ihnen quasi vorstellen müssen.

Eindeutig ein Flop aber ist die Zirkusmusik im letzten Satz, und zwar ab Takt 855 im »Prestissimo«, also was sich unser Ludwig dabei gedacht hat, kurz vor dem »Maestoso« am Ende noch mal kurz Triangel und Tschinellen zu bemühen – man weiß es nicht.

Ansonsten ist höchstens ein Flop, dass die ganze Symphonie so lange dauert – wenn sie nicht im Konzertsaal erklingt, sondern zu irgendwelchen Staatsakten.

Und ein weiterer Flop ist, die Sopranistinnen im Chor so lange das »a« singen zu lassen: Das ist bei manchen Chören nahe an der Folter angesiedelt! Sehr ungalant, Herr van Beethoven, wenn auch wirkungsvoll!

Um noch einmal auf die Handschrift zurückzukommen: Man kann sagen, dass die Blätter einen geradezu abenteuerlichen Weg zurückzulegen hatten, bis sie endlich wieder beieinander waren. Alles fing damit an, dass die Neunte in Einzelteilen verkauft wurde: In sieben »Päckchen« flatterte sie nach dem Tod des Meisters in die Welt: Das größte (die ersten drei Sätze und Teile des 4. Satzes) ging nach Berlin, Anton Schindler behauptete, Beethoven habe es ihm geschenkt, und erkaufte sich damit eine lebenslange Leibrente. Na gut, hatte der schon mal sein Schäfchen im Trockenen.

Ein kleines Päckchen ging nach London an Ignaz Moscheles (Komponist und Pianist) und gelangte auf Umwegen ins Beethoven-Archiv nach Bonn. Vier weitere Päckchen wurden bei der Versteigerung 1827 vom Wiener Musikverleger Domenico Artaria erworben, dann kaufte sie Erich Prieger in Bonn, der sie der königlichen Bibliothek in Berlin schenkte. Und ein letztes Päckchen (na ja, 31 Takte aus dem Finale) landete auf unbekannten Pfaden 1901 im Conservatoire de Paris. Schön, hatten unsere französischen Freunde auch Grund zur Freude.

Während des Zweiten Weltkrieges versuchten die Verantwortlichen der Berliner Bibliothek, ihre Schätze in Sicherheit zu bringen, und verlagerten auch die Neunte an unterschiedliche Orte: nach Grüssau in Schlesien, nach Altmarrin in Pommern und in das Kloster Beuron im heutigen Baden-Württemberg. So war zwar alles in Sicherheit, aber weiter auseinander denn je, weil Grüssau lag nach 1945 in Polen und die Seiten, die von Altmarrin nach Schönebeck an der Elbe gebracht wurden, kamen von da ins Gebäude Unter den Linden – nach Ost-Berlin. 1967 kam das Päckchen aus dem Kloster Beuron (und dann Tübingen) nach West-Berlin und 1977 das Päckchen aus Grüssau (dann Krakau) nach Ost-Berlin (das war das größte Päckchen: die ersten drei Sätze und Teile des 4. Satzes), wo auch der Rest war – bis auf die Blätter in Bonn, Paris und West-Berlin.

1992, nach der Wiedervereinigung, landete endlich alles in der Stiftung Preußischer Kulturbesitz und da soll es auch bleiben. Sie sehen: ein wahrhaft europäischer Lauf der Dinge mit – und das darf man sicherlich symbolisch werten – gutem Ausgang. Beethoven hätte seine Freude daran!

4.
Richard Wagner

Weil sie so witzig und schön ist und weil Richard Wagner mindestens so gut schreiben konnte wie Töne setzen und auch weil es zeigt, wie heftig die Verehrung Beethovens im 19. Jahrhundert war, hier zum Abschluss noch die Kurzgeschichte über seinen Besuch bei Beethoven (der nie stattgefunden hat). Sie sehen, Wagner konnte mehr als »Wigala weiala walle du Woge ...«!

Richard Wagner
Eine Pilgerfahrt zu Beethoven

Eine mittelmäßige Stadt des mittleren Deutschlands ist meine Vaterstadt. Ich weiß nicht recht, wozu man mich eigentlich bestimmt hatte, nur entsinne ich mich, daß ich eines Abends zum ersten Male eine Beethoven'sche Symphonie aufführen hörte, daß ich darauf Fieber bekam, krank wurde, und als ich wieder genesen, Musiker geworden war. Aus diesem Umstande mag es wohl kommen, daß, wenn ich mit der Zeit wohl auch andere schöne Musik kennen lernte, ich doch Beethoven vor Allem liebte, verehrte und anbetete. Ich kannte keine Lust mehr, als mich so ganz in die Tiefe dieses Genius zu versenken, bis ich mir endlich einbildete, ein Theil desselben geworden zu sein, und als dieser kleinste Theil fing ich an, mich selbst zu achten, höhere Begriffe und Ansichten zu bekommen, kurz *das* zu werden, was die Gescheidten gewöhnlich einen Narren nennen. Mein Wahnsinn war aber sehr gutmüthiger Art, und schadete Niemandem; das Brod, was ich in diesem Zustande aß, war sehr trocken, und der Trank, den ich trank, sehr wässerig, denn Stundengeben wirft bei uns nicht viel ab, verehrte Welt und Testaments-Vollstrecker!

So lebte ich einige Zeit in meinem Dachstübchen, als mir eines Tages einfiel, daß der Mann, dessen Schöpfungen ich über Alles verehrte, ja noch *lebe*. Es war mir unbegreiflich, bis dahin noch nicht daran gedacht zu haben. Mir war nicht eingefallen, daß Beethoven vorhanden sein, daß er Brod essen und Luft athmen könne, wie unser Eins; dieser Beethoven lebte ja aber in Wien, und war auch ein armer, deutscher Musiker!

Nun war es um meine Ruhe geschehen! Alle meine Gedanken wurden zu dem einen Wunsch: *Beethoven zu sehen!* Kein Muselmann verlangte gläubiger, nach dem Grabe seines Propheten zu wallfahrten, als ich nach dem Stübchen, in dem Beethoven wohnte.

Wie aber es anfangen, um mein Vorhaben ausführen zu können? Nach Wien war eine große Reise, und es bedurfte Geld dazu; ich Armer gewann aber kaum, um das Leben zu fristen! Da mußte ich denn außerordentliche Mittel ersinnen, um mir das nöthige Reisegeld zu verschaffen. Einige Klavier-Sonaten, die ich nach dem Vorbilde des Meisters komponirt hatte, trug ich hin zum Verleger, der Mann machte mir mit wenigen Worten klar, daß ich ein Narr sei mit meinen Sonaten; er gab mir aber den Rath daß, wollte ich mit der Zeit durch Kompositionen ein Paar Thaler verdienen, ich anfangen sollte, durch Galopps und Potpourris mir ein kleines Renommée zu machen. – Ich schauderte; aber meine Sehnsucht, Beethoven zu sehen, siegte; ich komponirte Galopps und Potpourris, konnte aber in dieser Zeit aus Scham mich nie überwinden, einen Blick auf Beethoven zu werfen, denn ich fürchtete ihn zu entweihen.

Zu meinem Unglück bekam ich aber diese ersten Opfer meiner Unschuld noch gar nicht einmal bezahlt, denn mein Verleger erklärte mir, daß ich mir erst einen kleinen Namen machen müßte. Ich schauderte wiederum und fiel in Verzweiflung. Diese Verzweiflung brachte aber einige vortreffliche Galopps hervor. Wirklich erhielt ich Geld dafür, und endlich glaubte ich genug gesammelt zu haben, um damit mein Vorhaben auszuführen. Darüber waren aber zwei Jahre vergangen, während ich immer befürchtete, Beethoven könne sterben, ehe ich mir durch Galopps und Potpourris einen Namen gemacht habe. Gott sei Dank, er hatte den Glanz meines Namens erlebt! – Heiliger Beethoven, vergieb mir dieses Renommée, es ward erworben, um dich sehen zu können!

Ha, welche Wonne! Mein Ziel war erreicht! Wer war seliger als ich! Ich konnte mein Bündel schnüren und zu Beethoven wandern. Ein heiliger Schauer erfaßte mich, als ich zum Thore hinausschritt und mich dem Süden zuwandte! Gern hätte ich mich wohl in eine Diligence gesetzt, nicht weil ich die Strapaze des Fußgehens scheute – (o, welche Mühseligkeiten hätte ich nicht freudig für dieses Ziel ertragen!) – sondern weil ich auf diese Art schneller zu Beethoven gelangt wäre. Um aber Fuhrlohn zahlen zu können, hatte ich noch zu wenig für meinen Ruf als Galoppkomponist gethan. Somit ertrug ich alle Beschwerden und pries mich glücklich, so weit zu sein, daß sie mich an's Ziel führen konnten. O, was schwärmte ich, was träumte ich! Kein Liebender konnte seliger sein, der nach langer Trennung zur Geliebten seiner Jugend zurückkehrt.

So zog ich in das schöne Böhmen ein, das Land der Harfenspieler und Straßensänger. In einem kleinen Städtchen traf ich auf eine Gesellschaft reisender Musikanten; sie bildeten ein kleines Orchester, zusammengesetzt aus einem Baß, zwei Violinen, zwei Hörnern, einer Klarinette und einer Flöte; außerdem gab es eine Harfnerin und zwei Sängerinnen mit schönen Stimmen. Sie spielten Tänze und sangen Lieder; man gab ihnen Geld und sie wanderten weiter. Auf einem schönen schattigen Plätzchen neben der Landstraße traf ich sie wieder an; sie hatten sich da gelagert und hielten ihre Mahlzeit. Ich gesellte mich zu ihnen, sagte, daß ich auch ein wandernder Musiker sei, und bald wurden wir Freunde. Da sie Tänze spielten, frug ich sie schüchtern, ob sie auch meine Galopps schon spielten? Die Herrlichen! Sie kannten meine Galopps nicht! O, wie mir das wohl that!

Ich frug, ob sie nicht auch andere Musik als Tanzmusik machten? »Ei wohl«, antworteten sie, »aber nur für uns, und nicht vor den vornehmen Leuten.« – Sie packten ihre Musikalien aus – ich erblickte das große Septuor von Beethoven; staunend frug ich, ob sie auch dieß spielten?

»Warum nicht?« – entgegnete der Älteste; – »Joseph hat eine böse Hand und kann jetzt nicht die zweite Violine spielen, sonst wollten wir uns gleich damit eine Freude machen.«

Außer mir, ergriff ich sogleich die Violine Joseph's, versprach ihn nach Kräften zu ersetzen, und wir begannen das Septuor.

O, welches Entzücken! Hier, an einer böhmischen Landstraße, unter freiem Himmel das Beethoven'sche Septuor von Tanzmusikanten, mit einer Reinheit, einer Präzision und einem so tiefen Gefühle vorgetragen, wie selten von den meisterhaftesten Virtuosen! – Großer Beethoven, wir brachten dir ein würdiges Opfer!

Wir waren soeben im Finale, als – die Chaussée bog sich an dieser Stelle bergauf – ein eleganter Reisewagen langsam und geräuschlos herankam, und endlich dicht bei uns still hielt. Ein erstaunlich langer und erstaunlich blonder junger Mann lag im Wagen ausgestreckt, hörte unserer Musik mit ziemlicher Aufmerksamkeit zu, zog eine Brieftasche hervor und notirte einige Worte. Darauf ließ er ein Goldstück aus dem Wagen fallen, und weiter fortfahren, indem er zu seinem Bedienten wenige englische Worte sprach, woraus mir erhellte, daß dieß ein Engländer sein müsse.

Dieser Vorfall verstimmte uns; zum Glück waren wir mit dem Vortrage des Septuors fertig. Ich umarmte meine Freunde und wollte sie begleiten, sie aber erklärten, daß sie von hier aus die Landstraße verlassen und einen Feldweg einschlagen würden, um für dießmal zu ihrem Heimathsdorfe zurückzukehren. Hätte nicht Beethoven selbst meiner gewartet, ich würde sie gewiß auch dahin begleitet haben. So aber trennten wir uns gerührt und schieden. Später fiel mir auf, daß Niemand das Goldstück des Engländers aufgehoben hatte. –

Im nächsten Gasthof, wo ich einkehrte, um meine Glieder zu stärken, saß der Engländer bei einem guten Mahle. Er betrachtete mich lange; endlich sprach er mich in einem passabeln Deutsch an.

»Wo sind Ihre Kollegen?« frug er.

»Nach ihrer Heimath«, sagte ich.

»Nehmen Sie Ihre Violine, und spielen Sie noch etwas« – fuhr er fort – »hier ist Geld!«

Das verdroß mich; ich erklärte, daß ich nicht für Geld spielte, außerdem auch keine Violine hätte, und setzte ihm kurz auseinander, wie ich mit jenen Musikanten zusammengetroffen war.

»Das waren gute Musikanten« – versetzte der Engländer – »und die Symphonie von Beethoven war auch sehr gut.«

Diese Äußerung frappirte mich; ich frug ihn, ob er Musik treibe?

»*Yes*« – antwortete er – »ich spiele zweimal in der Woche die Flöte, Donnerstags blase ich Waldhorn, und Sonntags komponire ich.«

Das war viel; ich erstaunte. – In meinem Leben hatte ich nichts von reisenden englischen Musikern gehört; ich fand daher, daß sie sich sehr gut stehen müßten, wenn sie in so schönen Equipagen ihre Wanderungen ausführen könnten. – Ich frug, ob er Musiker von Profession sei?

Lange erhielt ich gar keine Antwort; endlich brachte er sehr langsam hervor, daß er viel Geld habe.

Mein Irrthum wurde mir einleuchtend, denn ich hatte ihn jedenfalls mit meiner Frage beleidigt. Verlegen schwieg ich, und verzehrte mein einfaches Mahl.

Der Engländer, der mich abermals lange betrachtet hatte, begann aber wieder. »Kennen Sie Beethoven?« – frug er mich.

Ich entgegnete, daß ich noch nie in Wien gewesen sei, und jetzt eben im Begriff stehe, dahin zu wandern, um die heißeste Sehnsucht zu befriedigen, die ich hege, den angebeteten Meister zu sehen.

»Woher kommen Sie?« – frug er. – »Von L….« – »Das ist nicht weit! Ich komme von England, und will auch Beethoven kennen lernen. Wir werden Beide ihn kennen lernen; er ist ein sehr berühmter Komponist.« –

Welch' wunderliches Zusammentreffen! dachte ich bei mir. Hoher Meister, wie Verschiedene ziehst du nicht an! Zu Fuß und zu Wagen wandert man zu dir! – Mein Engländer interessirte mich; ich gestehe aber, daß ich ihn seiner Equipage wegen wenig beneidete. Es war mir, als wäre meine mühselige Pilgerfahrt zu Fuße heiliger und frömmer, und ihr Ziel müßte mich mehr beglücken, als Jenen, der in Stolz und Hoffahrt dahin zag.

Da blies der Postillon; der Engländer fuhr fort, nachdem er mir zugerufen, er würde Beethoven eher sehen als ich.

Ich war kaum einige Stunden zu Fuße gefolgt, als ich ihn unerwartet wieder antraf. Es war auf der Landstraße. Ein Rad seines Wagens war gebrochen; mit majestätischer Ruhe saß er aber noch darin, sein Bedienter hinten auf, trotzdem daß der Wagen ganz auf der Seite hing. Ich erfuhr, daß man den Postillon zurückerwartete, der nach einem ziemlich entfernten Dorf gelaufen sei, um einen Schmied herbeizuschaffen. Man hatte schon lange gewartet; da der Bediente nur englisch sprach, entschloß ich mich, selbst nach dem Dorfe zu gehen, um Postillon und Schmied anzutreiben. Wirklich traf ich den erstern in einer Schenke, wo er beim Branntwein sich nicht sonderlich um den Engländer kümmerte; doch brachte ich ihn mit dem Schmied bald zu dem zerbrochenen Wagen zurück. Der Schade war geheilt; der Engländer versprach mir, mich bei Beethoven anzumelden, und – fuhr davon.

Wie sehr war ich verwundert, als ich am folgenden Tage ihn wiederum auf der Landstraße antraf! Dießmal aber ohne zerbrochenem Rad, hielt er ganz ruhig mitten auf dem Wege, las in einem Buche, und schien zufrieden zu sein, als er mich meines Weges daher kommen sah. »Ich habe hier schon sehr viele Stunden gewartet«, sagte er, »weil mir hier eingefallen ist, daß ich Unrecht gethan habe, Sie nicht einzuladen, mit mir zu Beethoven zu fahren. Das Fahren ist viel besser als das Gehen. Kommen Sie in den Wagen.«

Ich war abermals erstaunt. Eine kurze Zeit schwankte ich wirklich, ob ich sein Anerbieten nicht annehmen sollte; bald aber erinnerte ich mich des Gelübdes, das ich gestern gethan hatte, als ich den Engländer dahin rollen sah: ich hatte mir gelobt, unter allen Umständen meine Pilgerschaft zu Fuß zu wallen. Ich erklärte das laut. Jetzt erstaunte der Engländer; er konnte mich nicht begreifen. Er wiederholte sein Anerbieten, und daß er schon viele Stunden auf mich gewartet habe, obgleich er im Nachtquartier durch die gründliche Reparatur des zerbrochenen Rades sehr lange aufgehalten worden sei. Ich blieb fest, und er fuhr verwundert davon.

Eigentlich hatte ich eine geheime Abneigung gegen ihn, denn es drang sich mir wie eine düstere Ahnung auf, daß mir dieser Engländer großen Verdruß anrichten würde. Zudem kam mir seine Verehrung Beethoven's, sowie sein Vorhaben, ihn kennen zu lernen, mehr wie die geckenhafte Grille eines reichen Gentleman's als das tiefe, innige Bedürfniß einer enthusiastischen Seele vor. Deshalb wollte ich ihn lieber fliehen, um durch eine Gemeinschaft mit ihm meine fromme Sehnsucht nicht zu entweihen.

Aber als ob mich mein Geschick darauf vorbereiten wollte, in welchen gefährlichen Zusammenhang ich mit diesem Gentleman noch gerathen sollte, traf ich ihn am

Abend desselben Tages abermals, vor einem Gasthofe haltend und, wie es schien, mich erwartend. Denn er saß rückwärts in seinem Wagen, und sah die Straße zurück mir entgegen.

»Sir«, – redete er mich an, – »ich habe wieder sehr viele Stunden auf Sie gewartet. Wollen Sie mit mir zu Beethoven fahren?«

Dießmal mischte sich zu meinem Erstaunen ein heimliches Grauen. Diese auffallende Beharrlichkeit, mir zu dienen, konnte ich mir unmöglich anders erklären, als daß der Engländer, meine wachsende Abneigung gegen sich gewahrend, mir zu meinem Verderben sich aufdrängen wollte. Mit unverhaltenem Verdrusse schlug ich abermals sein Anerbieten aus. Da rief er stolz:

»Goddam, Sie schätzen Beethoven wenig. Ich werde ihn bald sehen!« Eilig flog er davon. –

Dießmal war es wirklich das letzte Mal, daß ich auf dem noch langen Wege nach Wien mit diesem Inselsohne zusammentraf. Endlich betrat ich die Straßen Wien's; das Ende meiner Pilgerfahrt war erreicht. Mit welchen Gefühlen zog ich in dieses Mekka meines Glaubens ein! Alle Mühseligkeiten der langen und beschwerlichen Wanderschaft waren vergessen; ich war am Ziele, in den Mauern, die Beethoven umschlossen.

Ich war zu tief bewegt, um sogleich an die Ausführung meiner Absicht denken zu können. Zunächst erkundigte ich mich zwar nach der Wohnung Beethoven's, jedoch nur um mich in dessen Nähe einzulogiren. Ziemlich gegenüber dem Hause, in welchem der Meister wohnte, befand sich ein nicht zu vornehmer Gasthof; ich miethete mir ein kleines Kämmerchen im fünften Stock desselben, und dort bereitete ich mich nun auf das größte Ereigniß meines Lebens, auf einen Besuch bei Beethoven vor.

Nachdem ich zwei Tage ausgeruht, gefastet und gebetet, Wien aber noch mit keinem Blick näher betrachtet hatte, faßte ich denn Muth, verließ meinen Gasthof, und ging schräg gegenüber in das merkwürdige Haus. Man sagte mir, Herr Beethoven sei nicht zugegen. Das war mir gerade recht; denn ich gewann Zeit, um mich von Neuem zu sammeln. Da mir aber den Tag über noch viermal derselbe Bescheid, und zwar mit einem gewissen gesteigerten Tone gegeben ward, hielt ich diesen Tag für einen Unglückstag, und gab mißmuthig meinen Besuch auf.

Als ich zu meinem Gasthof zurückwanderte, grüßte mir aus dem ersten Stocke desselben mein Engländer ziemlich leutselig entgegen.

»Haben Sie Beethoven gesehen?« rief er mir zu.

»Noch nicht: er war nicht anzutreffen«, entgegnete ich, verwundert über mein abermaliges Zusammentreffen mit ihm. Auf der Treppe begegnete er mir, und nöthigte mich mit auffallender Freundlichkeit in sein Zimmer. »Mein Herr«, sagte er, »ich habe Sie heute schon fünf Mal in Beethoven's Haus gehen sehen. Ich bin schon viele Tage hier, und habe in diesem garstigen Hôtel Quartier genommen, um Beethoven nahe zu sein. Glauben Sie mir, es ist sehr schwer Beethoven zu sprechen; dieser Gentleman hat sehr viele Launen. Ich bin im Anfange sechs Mal zu ihm gegangen, und bin stets zurückgewiesen worden. Jetzt stehe ich sehr früh auf, und setze mich bis spät Abends an das Fenster, um zu sehen, wann Beethoven ausgeht. Der Gentleman scheint aber *nie* auszugehen.«

»So glauben Sie, Beethoven sei auch heute zu Hause gewesen, und habe mich abweisen lassen?« rief ich bestürzt.

»Versteht sich. Sie und ich, wir sind abgewiesen. Und das ist mir sehr unangenehm, denn ich bin nicht gekommen, Wien kennen zu lernen, sondern Beethoven.«

Das war für mich eine sehr trübe Nachricht. Nichtsdestoweniger versuchte ich am andern Tage wieder mein Heil, jedoch abermals vergebens, – die Pforten des Himmels waren mir verschlossen.

Mein Engländer, der meine fruchtlosen Versuche stets mit der gespanntesten Aufmerksamkeit vom Fenster aus beobachtete, hatte nun auch durch Erkundigungen Sicherheit erhalten, daß Beethoven nicht auf die Straße heraus wohne. Er war sehr verdrießlich, aber grenzenlos beharrlich. – Dafür war meine Geduld bald verloren, denn ich hatte dazu wohl mehr Grund als er; eine Woche war allmählich verstrichen, ohne daß ich meinen Zweck erreichte, und die Einkünfte meiner Galopps erlaubten mir durchaus keinen langen Aufenthalt in Wien. Nach und nach begann ich zu verzweifeln.

Ich theilte meine Leiden dem Wirthe des Gasthofes mit. Dieser lächelte, und versprach mir den Grund meines Unglückes anzugeben, wenn ich gelobte, ihn nicht dem Engländer zu verrathen. Meinen Unstern ahnend that ich das verlangte Gelübde.

»Sehen Sie wohl«, – sagte nun der ehrliche Wirth – »es kommen hier sehr viel Engländer her, um Herrn von Beethoven zu sehen und kennen zu lernen. Dieß verdrießt aber Herrn von Beethoven sehr, und er hat eine solche Wuth gegen die Zudringlichkeit dieser Herren, daß er es jedem Fremden rein unmöglich macht, vor ihn zu gelangen. Er ist ein sonderlicher Herr, und man muß ihm dieß verzeihen. Meinem Gasthofe ist dieß aber recht zuträglich, denn er ist gewöhnlich stark von Engländern besetzt, die durch die Schwierigkeit, Herrn Beethoven zu sprechen, genöthigt sind, länger, als es sonst der Fall sein würde, meine Gäste zu sein. Da Sie jedoch versprechen, mir diese Herren nicht zu verscheuchen, so hoffe ich ein Mittel ausfindig zu machen, wie Sie an Herrn Beethoven herankommen können.«

Das war sehr erbaulich; ich kam also nicht zum Ziele, weil ich armer Teufel als Engländer passirte! O, meine Ahnung war gerechtfertigt; der Engländer war mein Verderben! – Augenblicklich wollte ich aus dem Gasthofe ziehen, denn jedenfalls wurde in Beethoven's Hause Jeder für einen Engländer gehalten, der hier logirte, und schon deßhalb war ich also im Bann. Dennoch hielt mich aber das Versprechen des Wirthes, daß er mir eine Gelegenheit verschaffen wollte, Beethoven zu sehen und zu sprechen, zurück. Der Engländer, den ich nun im Innersten verabscheute, hatte während dem allerhand Intriguen und Bestechungen angefangen, jedoch immer ohne Resultat.

So verstrichen wiederum mehrere fruchtlose Tage, während welcher der Ertrag meiner Galopps sichtlich abnahm, als mir endlich der Wirth vertraute, daß ich Beethoven nicht verfehlen könnte, wenn ich mich in einen gewissen Biergarten begeben wollte, wo dieser sich fast täglich zu einer bestimmten Stunde einzufinden pflege. Zugleich erhielt ich von meinem Rathgeber unfehlbare Nachweisungen über die Persönlichkeit des großen Meisters, die es mir möglich machen sollten, ihn zu erkennen. Ich lebte auf und beschloß, mein Glück nicht auf morgen zu verschieben. Es war mir unmöglich, Beethoven beim Ausgehen anzutreffen, da er sein Haus stets durch eine Hinterthür verließ; somit blieb mir nichts übrig, als der Biergarten. Leider suchte ich den Meister aber sowohl an diesem, als an den nächstfolgenden zwei Tagen dort vergebens auf. Endlich am vierten, als ich wiederum zur bestimmten Stunde meine Schritte dem verhängnisvollen Biergarten zuwandte, mußte ich zu meiner Verzweiflung gewahr werden, daß mich der Engländer vorsichtig und bedächtig von fern verfolgte. Der Unglückliche, fortwährend an sein Fenster postirt, hatte es sich nicht entgehen lassen, daß ich täglich zu einer gewissen Zeit nach derselben Richtung hin ausging; dieß hatte ihn frappirt, und sogleich vermuthend, daß ich eine Spur entdeckt habe, Beethoven aufzusuchen, hatte er beschlossen, aus dieser meiner vermuthlichen Entdeckung Vortheil zu ziehen. Er erzählte mir alles dieß mit der größten Unbefangenheit, und erklärte zugleich, daß er mir überall hin folgen wollte. Vergebens war mein Bemühen, ihn zu hintergehen und glauben zu machen, daß ich einzig vorhabe, zu meiner Erholung einen gemeinen Biergarten zu besuchen, der viel zu unfashionabel sei, um von Gentleman's seines Gleichen beachtet zu werden; er blieb unerschütterlich bei seinem Entschlusse, und ich hatte mein Geschick zu verfluchen. Endlich versuchte ich Unhöflichkeit, und suchte ihn durch Grobheit von mir zu entfernen; weit davon aber, sich dadurch aufbringen zu lassen, begnügte er sich mit einem sanften Lächeln. Seine fixe Idee war: Beethoven zu sehen, – alles Übrige kümmerte ihn nicht.

Und in Wahrheit, diesen Tag sollte es geschehen, daß ich endlich zum ersten Male den großen Beethoven zu Gesicht bekam. Nichts vermag meine Hingerissenheit, zugleich aber auch meine Wuth zu schildern, als ich, an der Seite meines Gentleman's sitzend, den Mann sich nähern sah, dessen Haltung und Aussehen vollständig der Schilderung entsprachen, die mir mein Wirth von dem Äußern des Meisters entworfen hatte. Der lange, blaue Überrock, das verworrene, struppige graue Haar, dazu aber die Mienen, der Ausdruck des Gesichts, wie sie nach einem guten Portrait lange meiner Einbildungskraft vorgeschwebt hatten. Hier war ein Irrthum unmöglich: im ersten Augenblicke hatte ich ihn erkannt! Mit schnellen, kurzen Schritten kam er an uns vorbei; Überraschung und Ehrfurcht fesselten meine Sinne.

Der Engländer verlor keine meiner Bewegungen; mit neugierigem Blicke beobachtete er den Ankömmling, der sich in die entfernteste Ecke des um diese Stunde noch unbesuchten Gartens zurückzog, Wein bringen ließ, und dann einige Zeit in einer nachdenkenden Stellung verblieb. Mein laut schlagendes Herz sagte mir: er ist es! Ich vergaß für einige Augenblicke meinen Nachbar, und betrachtete mit gierigem Auge und mit unsäglicher Bewegung den Mann, dessen Genius ausschließlich all' meine Gedanken und Gefühle beherrschte, seit ich gelernt zu denken und zu fühlen. Unwillkührlich begann ich leise vor mich hinzusprechen, und verfiel in eine Art von Monolog, der mit den nur zu bedeutsamen Worten schloß: »*Beethoven, du bist es also, den ich sehe?*«

Nichts entging meinem heillosen Nachbar, der, nahe zu mir herabgebeugt, mit verhaltenem Athem mein Flüstern belauscht hatte. Aus meiner tiefen Extase ward ich aufgeschreckt durch die Worte: »*Yes!* dieser Gentleman ist Beethoven! Kommen Sie, und stellen wir uns ihm sogleich vor!«

Voll Angst und Verdruß hielt ich den verwünschten Engländer bei'm Arme zurück.

»Was wollen Sie thun?« rief ich, – »wollen Sie uns kompromittiren – hier an diesem Orte – so ganz ohne alle Beobachtung der Schicklichkeit?«

»O« – entgegnete er – »dieß ist eine vortreffliche Gelegenheit, wir werden nicht leicht eine bessere finden.«

Damit zog er eine Art von Notenheft aus der Tasche, und wollte direkt auf den Mann im blauen Überrock losgehen. Außer mir erfaßte ich den Unsinnigen bei den Rockschößen, und rief ihm mit Heftigkeit zu: »Sind Sie des Teufels?«

Dieser Vorgang hatte die Aufmerksamkeit des Fremden auf sich gezogen. Mit einem peinlichen Gefühle schien er zu errathen, daß er der Gegenstand unserer Aufregung sei, und nachdem er hastig sein Glas geleert, erhob er sich, um fortzugehen. Kaum hatte dieß aber der Engländer gewahrt, als er sich mit solcher Gewalt von mir losriß, daß er mir einen seiner Rockschöße in der Hand zurückließ, und sich Beethoven in den Weg warf. Dieser suchte ihm auszuweichen; der Nichtswürdige kam ihm aber zuvor, machte ihm eine herrliche Verbeugung nach den Regeln der neuesten englischen Mode, und redete ihn folgendermaßen an:

»Ich habe die Ehre mich dem sehr berühmten Kompositeur und sehr ehrenwerthen Herrn Beethoven vorzustellen.«

Er hatte nicht nöthig, mehr hinzuzufügen, denn nach den ersten Worten schon hatte Beethoven, nachdem er einen Blick auf mich geworfen, sich mit einem eiligen Seitensprunge abgewandt, und war mit Blitzesschnelle aus dem Garten verschwunden. Nichtsdestoweniger war der unerschütterliche Britte eben im Begriff, dem Entflohenen nachzulaufen, als ich mich in wüthender Bewegung an den letzten seiner Rockschöße anhing. Einigermaßen verwundert hielt er an, und rief mit seltsamem Tone:

»Goddam! dieser Gentleman ist würdig, Engländer

zu sein! Er ist gar ein großer Mann, und ich werde nicht säumen, seine Bekanntschaft zu machen.«

Ich blieb versteinert; dieses schauderhafte Abenteuer vernichtete mir alle Hoffnung, den heißesten Wunsch meines Herzens erfüllt zu sehen!

In der That wurde mir begreiflich, daß von nun an jeder Schritt, mich Beethoven auf eine gewöhnliche Art zu nähern, vollkommen fruchtlos geworden sei. Bei meinen gänzlich zerrütteten Vermögenszuständen hatte ich mich nur noch zu entscheiden, ob ich augenblicklich unverrichteter Dinge meine Heimfahrt antreten oder einen letzten verzweifelten Schritt thun sollte, mich an mein Ziel zu bringen. Bei dem ersten Gedanken schauderte ich bis in das Innerste meiner Seele. Wer mußte, so nah' an den Pforten des höchsten Heiligthumes, diese für immer sich schließen sehen, ohne nicht in Vernichtung zu fallen! Ehe ich also das Heil meiner Seele aufgab, wollte ich noch einen Verzweiflungsschritt thun. Welcher Schritt aber war es, welcher Weg, den ich gehen sollte? Lange konnte ich nichts Durchgreifendes ersinnen. Ach, all' mein Bewußtsein war gelähmt; nichts bot sich meiner aufgeregten Einbildungskraft dar, als die Erinnerung dessen, was ich erleben mußte, als ich den Rockschoß des entsetzlichen Engländers in den Händen hielt. Beethoven's Seitenblick auf mich Unglückseligen in dieser furchtbaren Katastrophe war mir nicht entgangen; ich fühlte, was dieser Blick zu bedeuten hatte: er hatte mich zum Engländer gemacht!

Was nun beginnen, um den Argwohn des Meisters zu enttäuschen? Alles kam darauf an, ihn wissen zu lassen, daß ich eine einfache deutsche Seele sei, voll irdischer Armuth, aber überirdischem Enthusiasmus.

So entschied ich mich denn endlich, mein Herz auszuschütten, zu schreiben. Dieß geschah. Ich schrieb; erzählte kurz meine Lebensgeschichte, wie ich zum Musiker geworden war, wie ich ihn anbetete, wie ich ihn einmal hätte kennen lernen wollen, wie ich zwei Jahre opferte, mir einen Namen als Galopp-Komponist zu machen, wie ich meine Pilgerfahrt antrat und vollendete, welche Leiden der Engländer über mich brachte, und welche grausame Lage gegenwärtig die meinige sei. Indem ich bei dieser Aufzählung meiner Leiden mein Herz sich merklich erleichtern fühlte, verfiel ich in der Wohllust dieses Gefühles sogar in einen gewissen Grad von Vertraulichkeit; ich flocht meinem Briefe ganz freimüthige und ziemlich starke Vorwürfe ein über die ungerechte Grausamkeit des Meisters, mit der ich Ärmster von ihm behandelt ward. Mit wahrhafter Begeisterung schloß ich endlich diesen Brief; es flimmerte mir vor den Augen, als ich die Adresse: »An Herrn Ludwig van Beethoven« – schrieb. Ich sprach noch ein stilles Gebet, und gab diesen Brief selbst in Beethoven's Hause ab.

Als ich voll Enthusiasmus zu meinem Hôtel zurückkehrte, o Himmel! – wer brachte mir auch da wieder den furchtbaren Engländer vor meine Augen! Von seinem Fenster aus hatte er auch diesen meinen letzten Gang beobachtet; er hatte in meinen Mienen die

Freude der Hoffnung gelesen, und das war genug, um mich wiederum seiner Macht verfallen zu lassen. Wirklich hielt er mich auf der Treppe an mit der Frage: »Gute Hoffnung? Wann werden wir Beethoven sehen?«

»Nie, nie!« – schrie ich in Verzweiflung – »*Sie* will Beethoven nie im Leben wieder sehen! Lassen Sie mich. Entsetzlicher, wir haben nichts gemein!«

»Sehr wohl haben wir gemein« – entgegnete er kaltblütig – »wo ist mein Rockschoß, Sir? Wer hat Sie autorisirt, mir ihn gewaltsam zu entwenden? Wissen Sie, daß Sie Schuld sind an dem Benehmen Beethoven's gegen mich? Wie konnte er es konvenable finden, sich mit einem Gentleman einzulassen, der nur Einen Rockschoß hatte!«

Außer mir, diese Schuld auf mich gewälzt zu sehen, rief ich: »Herr, den Rockschoß sollen Sie zurück haben; mögen Sie ihn schamvoll zum Andenken aufbewahren, wie Sie den großen Beethoven beleidigten, und einen armen Musiker in das Verderben stürzten! Leben Sie wohl, mögen wir uns nie wieder sehen!«

Er suchte mich zurückzuhalten und zu beruhigen, indem er mich versicherte, daß er noch sehr viel Röcke im besten Zustande besitze; ich solle ihm nur sagen, wann uns Beethoven empfangen wollte? –

Rastlos stürmte ich aber hinauf zu meinem fünften Stock; da schloß ich mich ein und erwartete Beethoven's Antwort.

Wie aber soll ich beschreiben, was in mir, was um mich vorging, als ich wirklich in der nächsten Stunde ein kleines Stück Notenpapier erhielt, auf welchem mit flüchtiger Hand geschrieben stand:

»Entschuldigen Sie, Herr R...., wenn ich Sie bitte, mich erst morgen Vormittag zu besuchen, da ich heute beschäftigt bin, ein Packet Musikalien auf die Post zu liefern. Morgen erwarte ich Sie. Beethoven.«

Zuerst sank ich auf meine Kniee und dankte dem Himmel für diese außerordentliche Huld; meine Augen trübten sich mit den inbrünstigsten Thränen. Endlich brach aber mein Gefühl in wilde Lust aus; ich sprang auf, und wie ein Rasender tanzte ich in meinem kleinen Zimmer umher. Ich weiß nicht recht, was ich tanzte, nur entsinne ich mich, daß ich zu meiner großen Scham plötzlich inne ward, wie ich einen meiner Galopps dazu pfiff. Diese betrübende Entdeckung brachte mich wieder zu mir selbst. Ich verließ mein Stübchen, den Gasthof, und stürzte freudetrunken in die Straßen Wien's.

Mein Gott, meine Leiden hatten mich ganz vergessen gemacht, daß ich in Wien sei. Wie entzückte mich das heitere Treiben der Bewohner dieser Kaiserstadt. Ich war in einem begeisterten Zustande und sah Alles mit begeisterten Augen. Die etwas oberflächliche Sinnlichkeit der Wiener dünkte mich frische Lebenswärme; ihre leichtsinnige und nicht sehr unterscheidende Genußsucht galten mir für natürliche und offene Empfänglichkeit für alles Schöne. Ich erforschte die fünf täglichen Theaterzettel. Himmel! Da erblickte ich auf dem *einen* angezeigt: *Fidelio*, Oper von Beethoven.

Ich mußte in das Theater, und mochten die Einkünfte

meiner Galopps noch so sehr zusammengeschmolzen sein. Als ich im Parterre ankam, begann soeben die Ouvertüre. Es war dieß die Umarbeitung der Oper, die früher unter dem Titel: Leonore, zur Ehre des tiefsinnigen Wiener Publikums durchgefallen war. Auch in dieser zweiten Gestalt hatte ich die Oper noch nirgends aufführen hören; man denke sich also das Entzücken, welches ich empfand, als ich das herrliche Neue hier zum ersten Male vernahm! Ein sehr junges Mädchen gab die Leonore; diese Sängerin schien sich aber schon in so früher Jugend mit dem Genius Beethoven's vermählt zu haben. Mit welcher Gluth, mit welcher Poesie, wie tief erschütternd stellte sie dieß außerordentliche Weib dar! Sie nannte sich *Wilhelmine Schröder*. Sie hat sich das hohe Verdienst erworben, Beethoven's Werk dem deutschen Publikum erschlossen zu haben; denn wirklich sah ich an diesem Abende selbst die oberflächlichen Wiener vom gewaltigsten Enthusiasmus ergriffen. Mir für mein Theil war der Himmel geöffnet; ich war verklärt und betete den Genius an, der mich – gleich Florestan – aus Nacht und Ketten in das Licht und die Freiheit geführt hatte.

Ich konnte die Nacht nicht schlafen. Was ich soeben erlebt, und was mir morgen bevorstand, war zu groß und überwältigend, als daß ich es ruhig hätte in einen Traum mit übertragen können. Ich wachte, ich schwärmte und bereitete mich, vor Beethoven zu erscheinen.– Endlich erschien der neue Tag; mit Ungeduld erwartete ich die zum Morgenbesuch schickliche

Stunde; – auch sie schlug, und ich brach auf. Mir stand das wichtigste Ereigniß meines Lebens bevor: von diesem Gedanken war ich erschüttert.

Aber noch sollte ich eine furchtbare Prüfung überstehen.

Mit großer Kaltblütigkeit an die Hausthüre Beethoven's gelehnt, erwartete mich mein Dämon, – der Engländer! – Der Unselige hatte alle Welt, somit endlich auch den Wirth unseres Gasthofes bestochen; dieser hatte die offenen Zeilen Beethoven's an mich früher, als ich selbst, gelesen, und den Inhalt derselben an den Britten verrathen.

Ein kalter Schweiß überfiel mich bei diesem Anblick; alle Poesie, alle himmlische Aufregung schwand mir dahin: ich war wieder in *seiner* Gewalt.

»Kommen Sie«, begann der Unglückliche: »stellen wir uns Beethoven vor!«

Erst wollte ich mir mit einer Lüge helfen, und vorgeben, daß ich gar nicht auf dem Wege zu Beethoven sei. Allein er benahm mir bald alle Möglichkeit zur Ausflucht; denn mit großer Offenherzigkeit machte er mich damit bekannt, wie er hinter mein Geheimniß gekommen war, und erklärte, mich nicht eher verlassen zu wollen, als bis wir von Beethoven zurückkämen. Ich versuchte erst in Güte ihn von seinem Vorhaben abzubringen – umsonst! Ich gerieth in Wuth – umsonst! Endlich hoffte ich mich ihm durch die Schnelligkeit meiner Füße zu entziehen; wie ein Pfeil flog ich die Treppen hinan, und riß wie ein Rasender an der Klingel. Ehe aber noch geöffnet wurde, war der Gentleman bei mir, ergriff die Flügel meines Rockes und sagte: »Entfliehen Sie mir nicht! Ich habe ein Recht an Ihren Rockschoß; ich will Sie daran halten, bis wir vor Beethoven stehen.«

Entsetzt wandte ich mich um, suchte mich ihm zu entreißen, ja, ich fühlte mich versucht, gegen den stolzen Sohn Brittaniens mich mit Tätlichkeiten zu vertheidigen: – da ward die Thüre geöffnet. Die alte Aufwärterin erschien, zeigte ein finsteres Gesicht, als sie uns in unserer sonderbaren Situation erblickte, und machte Miene, die Thüre sogleich wieder zu schließen. In der Angst rief ich laut meinen Namen, und betheuerte, von Herrn Beethoven eingeladen worden zu sein.

Noch war die Alte zweifelhaft, denn der Anblick des Engländers schien ihr ein gerechtes Bedenken zu erwecken, als durch ein Ungefähr auf einmal Beethoven selbst an der Thüre seines Kabinetes erschien. Diesen Moment benutzend trat ich schnell ein, und wollte auf den Meister zu, um mich zu entschuldigen. Zugleich zog ich aber den Engländer mit herein, denn dieser hielt mich noch fest. Er führte seinen Vorsatz aus, und ließ mich erst los, als wir vor Beethoven standen. Ich verbeugte mich, und stammelte meinen Namen; wiewohl er diesen jedenfalls nicht verstand, schien er doch zu wissen, daß ich der sei, der ihm geschrieben hatte. Er hieß mich in sein Zimmer eintreten, und ohne sich um Beethoven's verwunderungsvollen Blick zu bekümmern, schlüpfte mein Begleiter mir eiligst nach.

Hier war ich – im Heiligthum; die gräßliche Verlegenheit aber, in welche mich der heillose Britte gebracht hatte, raubte mir alle wohlthätige Besinnung, die mir nöthig war, um meines Glückes würdig zu genießen. An und für sich war Beethoven's äußere Erscheinung keineswegs dazu gemacht, angenehm und behaglich zu wirken. Er war in ziemlich unordentlicher Hauskleidung, trug rothe wollene Binde um den Leib; lange, starke graue Haare lagen unordentlich um seinen Kopf herum, und seine finstere, unfreundliche Miene vermochte durchaus nicht meine Verlegenheit zu heben. Wir setzten uns an einen Tisch nieder, der voll Papiere und Federn lag.

Es herrschte unbehagliche Stimmung, Keiner sprach. Augenscheinlich war Beethoven verstimmt. Zwei für Einen empfangen zu haben.

Endlich begann er, indem er mit rauher Stimme frug: »Sie kommen von L...?«

Ich wollte antworten; er aber unterbrach mich, indem er einen Bogen Papier nebst einem Bleistift bereit legte, fügte er hinzu: »Schreiben Sie, ich höre nicht.«

Ich wußte von Beethoven's Taubheit, und hatte mich darauf vorbereitet. Nichtsdestoweniger fuhr es mir wie ein Stich durch das Herz, als ich von dieser rauhen, gebrochenen Stimme hörte: »Ich höre nicht!« – Freudenlos und arm in der Welt zu stehen; die einzige Erhebung in der Macht der Töne zu wissen, und sagen zu müssen: ich höre nicht! – Im Moment kam ich in mir zum vollkommenen Verständniß über Beethoven's äußere Erscheinung, über den tiefen Gram auf seinen Wangen, über den düsteren Unmuth seines Blickes, über den verschlossenen Trotz seiner Lippen: – *er hörte nicht!* –

Verwirrt und ohne zu wissen, was? schrieb ich eine Bitte um Entschuldigung und eine kurze Erklärung der Umstände auf, die mich in der Begleitung des Engländers erscheinen ließen. Dieser saß während dem stumm und befriedigt Beethoven gegenüber, der, nachdem er meine Zeilen gelesen, sich ziemlich heftig zu ihm wandte, mit der Frage, was er von ihm wünsche?

»Ich habe die Ehre ...« – entgegnete der Britte.

»Ich verstehe Sie nicht!« – rief Beethoven ihn hastig unterbrechend; – »ich höre nicht, und kann auch nicht viel sprechen. Schreiben Sie auf, was Sie von mir wollen.«

Der Engländer sann einen Augenblick ruhig nach, zog dann sein zierliches Musikheft aus der Tasche, und sagte zu mir: »Es ist gut. Schreiben Sie: ich bitte Herrn Beethoven, meine Komposition zu sehen; wenn ihm eine Stelle darin nicht gefällt, wird er die Güte haben, ein Kreuz dabei zu machen.«

Ich schrieb wörtlich sein Verlangen auf, in der Hoffnung, ihn nun los zu werden; und so kam es auch. Nachdem Beethoven gelesen, legte er mit einem sonderbaren Lächeln die Komposition des Engländers auf den Tisch, nickte kurz und sagte: »Ich werde es schicken.« –

Damit war mein Gentleman sehr zufrieden, stand auf, machte eine besonders herrliche Verbeugung und empfahl sich. – Ich athmete tief auf: – er war fort.

Nun erst fühlte ich mich im Heiligthum. Selbst

Beethoven's Züge heiterten sich deutlich auf; er blickte mich einen Augenblick ruhig an, und begann dann:

»Der Britte hat Ihnen viel Ärger gemacht?« sagte er; »trösten Sie sich mit mir; diese reisenden Engländer haben mich schon bis auf das Blut geplagt. Sie kommen heute, einen armen Musiker zu sehen, wie morgen ein seltenes Thier. Es thut mir leid um Sie, daß ich Sie mit jenem verwechselt habe. – Sie schrieben mir, daß Sie mit meinen Kompositionen zufrieden wären. Das ist mir lieb, denn ich rechne jetzt nur wenig darauf, daß meine Sachen den Leuten gefallen.«

Diese Vertraulichkeit in seiner Anrede benahm mir bald alle lästige Befangenheit; ein Freudenschauer durchbebte mich bei diesen einfachen Worten. Ich schrieb, daß ich wahrlich nicht der Einzige sei, der von so glühendem Enthusiasmus für jede seiner Schöpfungen erfüllt wäre, daß ich nichts sehnlicher wünschte, als z. B. meiner Vaterstadt das Glück verschaffen zu können, ihn einmal in ihrer Mitte zu sehen; er würde sich dann überzeugen, welche Wirkung dort seine Werke auf das gesammte Publikum hervorbrächten.

»Ich glaube wohl«, – erwiderte Beethoven, – »daß meine Kompositionen im nördlichen Deutschland mehr ansprechen. Die Wiener ärgern mich oft; sie hören täglich zu viel schlechtes Zeug, als daß sie immer aufgelegt sein sollten, mit Ernst an etwas Ernstes zu gehen.«

Ich wollte dem widersprechen, und führte an, daß ich gestern der Aufführung des »Fidelio« beigewohnt hätte, welche das Wiener Publikum mit dem offensten Enthusiasmus aufgenommen habe.

»Hm, hm!« brummte der Meister, »der Fidelio! – Ich weiß aber, daß die Leutchen jetzt nur aus Eitelkeit in die Hände klatschen, denn sie reden sich ein, daß ich in der Umarbeitung dieser Oper nur ihrem Rathe gefolgt sei. Nun wollen sie mir die Mühe vergelten, und rufen bravo! Es ist ein gutmüthiges Volk und nicht gelehrt; ich bin darum lieber bei ihnen, als bei gescheidten Leuten. – Gefällt Ihnen jetzt der Fidelio?«

Ich berichtete von dem Eindrucke, den die gestrige Vorstellung auf mich gemacht hatte, und bemerkte, daß durch die hinzugefügten Stücke das Ganze auf das Herrlichste gewonnen habe.

»Ärgerliche Arbeit!« entgegnete Beethoven. »Ich bin kein Opernkomponist, wenigstens kenne ich kein Theater in der Welt, für das ich gern wieder eine Oper schreiben möchte! Wenn ich eine Oper machen wollte, die nach meinem Sinne wäre, würden die Leute davon laufen; denn da würde nichts von Arien, Duetten, Terzetten und all dem Zeuge zu finden sein, womit sie heut' zu Tage die Opern zusammenflicken, und was ich dafür machte, würde kein Sänger singen und kein Publikum hören wollen. Sie kennen alle nur die glänzende Lüge, brillanten Unsinn und überzuckerte Langweile. Wer ein wahres musikalisches Drama machte, würde für einen Narren angesehen werden, und wäre es auch in der That, wenn er so etwas nicht für sich selbst behielte, sondern es vor die Leute bringen wollte.«

»Und wie würde man zu Werke gehen müssen« – frug ich erhitzt, – »um ein solches musikalisches Drama zu Stande zu bringen?«

»Wie es Shakespeare machte, wenn er seine Stücke schrieb«, war die fast heftige Antwort. Dann fuhr er fort: »Wer es sich darum zu thun sein lassen muß, Frauenzimmern mit passabler Stimme allerlei bunten Tand anzupassen, durch den sie *bravi* und Händeklatschen bekommen, der sollte Pariser Frauenschneider werden, aber nicht dramatischer Komponist. – Ich für mein Theil bin nun einmal zu solchen Späßen nicht gemacht. Ich weiß recht wohl, daß die gescheidten Leute deßhalb meinen, ich verstünde mich allenfalls auf die Instrumentalmusik, in der Vokalmusik würde ich aber nie zu Hause sein. Sie haben Recht, da sie unter Vokalmusik nur Opernmusik verstehen; und dafür, daß ich in diesem Unsinne heimisch würde, bewahre mich der Himmel!«

Ich erlaubte mir hier zu fragen, ob er wirklich glaube, daß Jemand nach Anhörung seiner »Adelaide« ihm den glänzendsten Beruf auch zur Gesangsmusik abzusprechen wagen würde?

»Nun«, entgegnete er nach einer kleinen Pause, – »die Adelaide und dergleichen sind am Ende Kleinigkeiten, die den Virtuosen von Profession zeitig genug in die Hände fallen, um ihnen als Gelegenheit zu dienen, ihre vortrefflichen Kunststückchen anbringen zu können. Warum sollte aber die Vokalmusik nicht ebenso gut als die Instrumentalmusik einen großen, ernsten Genre bilden können, der zumal bei der Ausführung von dem leichtsinnigen Sängervolke ebenso respektirt würde, als es meinetwegen bei einer Symphonie vom Orchester gefordert wird? Die menschliche Stimme ist einmal da. Ja, sie ist sogar ein bei weitem schöneres und edleres Ton-Organ als jedes Instrument des Orchesters. Sollte man sie nicht ebenso selbstständig in Anwendung bringen können, wie dieses? Welche ganz neuen Resultate würde man nicht bei diesem Verfahren gewinnen! Denn gerade der seiner Natur nach von der Eigenthümlichkeit der Instrumente gänzlich verschiedene Charakter der menschlichen Stimme würde besonders herauszuheben und festzuhalten sein, und die mannigfachsten Kombinationen erzeugen lassen. In den Instrumenten repräsentiren sich die Urorgane der Schöpfung und der Natur; das, was sie ausdrücken, kann nie klar bestimmt und festgesetzt werden, denn sie geben die Urgefühle selbst wieder, wie sie aus dem Chaos der ersten Schöpfung hervorgingen, als es selbst vielleicht noch nicht einmal Menschen gab, die sie in ihr Herz aufnehmen konnten. Ganz anders ist es mit dem Genius der Menschenstimme; diese repräsentirt das menschliche Herz und dessen abgeschlossene, individuelle Empfindung. Ihr Charakter ist somit beschränkt, aber bestimmt und klar. Man bringe nun diese beiden Elemente zusammen, man vereinige sie! Man stelle den wilden, in das Unendliche hinausschweifenden Urgefühlen, repräsentirt von den Instrumenten, die klare, bestimmte Empfindung des menschlichen Herzens entgegen, repräsentirt von der Menschenstimme. Das Hinzutreten dieses zweiten Elementes wird wohlthuend und schlichtend auf den Kampf der Urgefühle wirken, wird ihrem Strome einen bestimmten, vereinigten Lauf geben; das menschliche Herz selbst aber wird, indem es jene Urempfindungen in sich aufnimmt, unendlich erkräftigt und erweitert, fähig sein, die frühere unbestimmte Ahnung des Höchsten, zum göttlichen Bewußtsein umgewandelt, klar in sich zu fühlen.«

Hier hielt Beethoven wie erschöpft einige Augenblicke an. Dann fuhr er mit einem leichten Seufzer fort: »Freilich stößt man bei dem Versuch zur Lösung dieser Aufgabe auf manchen Übelstand; um singen zu lassen braucht man der Worte. Wer aber wäre im Stande, die Poesie in Worte zu fassen, die einer solchen Vereinigung aller Elemente zu Grunde liegen würde? Die Dichtung muß da zurückstehen, denn die Worte sind für diese Aufgabe zu schwache Organe. – – Sie werden bald eine neue Komposition von mir kennen lernen, die Sie an das erinnern wird, worüber ich mich jetzt ausließ. Es ist dieß eine Symphonie mit Chören. Ich mache Sie darauf aufmerksam, wie schwer es mir dabei ward, dem Übelstand der Unzulänglichkeit der zu Hülfe gerufenen Dichtkunst abzuhelfen. Ich habe mich endlich entschlossen, die schöne Hymne unsers *Schiller's* »an die Freude« zu benützen; es ist diese jedenfalls eine edle und erhebende Dichtung, wenn auch weit entfernt davon, das auszusprechen, was allerdings in diesem Falle keine Verse der Welt aussprechen können.«

Noch heute kann ich das Glück kaum fassen, das mir dadurch zu Theil ward, daß mir Beethoven selbst durch diese Andeutungen zum vollen Verständniß seiner riesenhaften letzten Symphonie verhalf, die damals höchstens eben erst vollendet, Keinem aber noch bekannt war. Ich drückte ihm meinen begeistertsten Dank für diese gewiß seltene Herablassung aus. Zugleich äußerte ich die entzückende Überraschung, die er mir mit der Nachricht bereitet hatte, daß man dem Erscheinen eines neuen großen Werkes von seiner Komposition entgegensehen dürfe. Mir waren die Thränen in die Augen getreten, – ich hatte vor ihm niederknieen mögen.

Beethoven schien meine gerührte Aufregung zu gewahren. Er sah mich halb wehmüthig, halb spöttisch lächelnd an, als er sagte: »Sie können mich vertheidigen, wenn von meinem neuen Werke die Rede sein wird. Gedenken Sie mein: – die klugen Leute werden mich für verrückt halten, wenigstens dafür ausschreien. Sie sehen aber wohl, Herr R...., daß ich gerade noch kein Wahnsinniger bin, wenn ich sonst auch unglücklich genug dazu wäre. – Die Leute verlangen von mir, ich soll schreiben, wie *sie* sich einbilden, daß es schön und gut sei; sie bedenken aber nicht, daß ich armer Tauber meine ganz eigenen Gedanken haben muß, – daß es mir nicht möglich sein kann, anders zu komponiren, als ich fühle. Und daß ich ihre schönen Sachen nicht denken und fühlen kann« – setzte er ironisch hinzu – »das ist ja eben mein Unglück!«

Damit stand er auf, und schritt mit schnellen, kurzen Schritten durch das Zimmer. Tief bis in das Innerste ergriffen, wie ich war, stand ich ebenfalls auf; – ich fühlte, daß ich zitterte. Unmöglich wäre es mir gewesen, weder durch Pantomimen noch durch Schrift eine Unterhaltung fortzusetzen. Ich ward mir bewußt, daß jetzt der Punkt gekommen war, auf dem mein Besuch dem Meister lästig werden konnte. Ein tief gefühltes Wort des Dankes und des Abschiedes *aufzuschreiben* schien mir zu nüchtern; ich begnügte mich, meinen Hut zu ergreifen, vor Beethoven hinzutreten, und ihn in meinem Blicke lesen zu lassen, was in mir vorging.

Er schien mich zu verstehen. »Sie wollen fort?« frug er. »Werden Sie noch einige Zeit in Wien bleiben?«

Ich schrieb ihm auf, daß ich mit dieser Reise nichts beabsichtigt hätte, als ihn kennen zu lernen; daß, da er mich gewürdigt habe, mir eine so außerordentliche Aufnahme zu gewähren, ich überglücklich sei, mein Ziel als erreicht anzusehen, und morgen wieder zurückwandern würde.

Lächelnd erwiderte er: »Sie haben mir geschrieben, auf welche Art Sie sich das Geld zu dieser Reise verschafft haben: – Sie sollten in Wien bleiben und Galopps machen, – hier gilt die Waare viel.«

Ich erklärte, daß es für mich nun damit aus sei, da ich nichts wüßte, was mir wieder eines ähnlichen Opfers werth erscheinen könnte.

»Nun, nun!« entgegnete er, »das findet sich! Ich alter Narr würde es auch besser haben, wenn ich Galopps machte; wie ich es bis jetzt treibe, werde ich immer darben. – Reisen Sie glücklich«, – fuhr er fort – »gedenken

Sie mein, und trösten Sie sich in allen Widerwärtigkeiten mit mir.«

Gerührt und mit Thränen in den Augen wollte ich mich empfehlen, da rief er mir noch zu: »Halt! Fertigen wir den musikalischen Engländer ab! Laßt sehen, wo die Kreuze hinkommen sollen!«

Damit ergriff er das Musikheft des Britten, und sah es lächelnd flüchtig durch; sodann legte er es sorgfältig wieder zusammen, schlug es in einen Bogen Papier ein, ergriff eine dicke Notenfeder und zeichnete ein kolossales Kreuz quer über den ganzen Umschlag. Darauf überreichte er es mir mit den Worten: »Stellen Sie dem Glücklichen gefälligst sein Meisterwerk zu! Er ist ein Esel, und doch beneide ich ihn um seine langen Ohren! – – Leben Sie wohl, mein Lieber, und behalten Sie mich lieb!«

Somit entließ er mich. Erschüttert verließ ich sein Zimmer und das Haus.

Im Hôtel traf ich den Bedienten des Engländers an, wie er die Koffer seines Herrn im Reisewagen zurecht packte. Also auch sein Ziel war erreicht; ich mußte gestehen, daß auch *er* Ausdauer bewiesen hatte. Ich eilte in mein Zimmer, und machte mich ebenfalls fertig, mit dem morgenden Tage meine Fußwanderschaft zurück anzutreten. Laut mußte ich auflachen, als ich das Kreuz auf dem Umschlage der Komposition des Engländers betrachtete. Dennoch war dieses Kreuz ein Andenken Beethoven's, und ich gönnte es dem bösen Dämon meiner Pilgerfahrt nicht. Schnell war mein Entschluß gefaßt. Ich nahm den Umschlag ab, suchte meine Galopps hervor, und schlug sie in diese verdammende Hülle ein. Dem Engländer ließ ich seine Komposition ohne Umschlag zustellen, und begleitete sie mit einem Briefchen, in welchem ich ihm meldete, daß Beethoven ihn beneide und erklärt habe, nicht zu wissen, wo er da ein Kreuz anbringen solle.

Als ich den Gasthof verließ, sah ich meinen unseligen Genossen in den Wagen steigen.

»Leben Sie wohl!« rief er mir zu. »Sie haben mir große Dienste geleistet. Es ist mir lieb, Herrn Beethoven kennen gelernt zu haben. – Wollen Sie mit mir nach Italien?«

»Was suchen Sie dort?« – frug ich dagegen.

»Ich will Herrn Rossini kennen lernen, denn er ist ein sehr berühmter Komponist.«

»Glück zu!« – rief ich. – »Ich kenne Beethoven; für mein Leben habe ich somit genug!«

Wir trennten uns. Ich warf noch einen schmachtenden Blick nach Beethoven's Haus, und wanderte dem Norden zu, in meinem Herzen erhoben und veredelt.

Literaturverzeichnis

(nicht unbedingt vollständig, aber dies ist ja auch kein wissenschaftliches Buch, dafür aber ein Verzeichnis der Bücher, die Sie mit Garantie mit Spaß lesen können beziehungsweise sollten und auf die ich mich beziehe)

Bettermann, Brauneis und Ladenburger, »Beethoven-Häuser in alten Ansichten«, Verlag Beethoven-Haus, Bonn 2005

Wegeler, Franz Gerhard und Ries, Ferdinand, »Biographische Notizen über Ludwig van Beethoven«, Ferdinand Ries Gesellschaft, Bonn 2012

Cooper, Barry, »Das Beethoven-Kompendium«, Droemer Knaur, München 1992

Beethoven, Ludwig van, »Briefwechsel Gesamtausgabe«, hrsg von Sieghard Brandenburg, Henle Verlag, München 1996

Thayer, Alexander Wheelock, »Ludwig van Beethovens Leben«, 5 Bände, Breitkopf & Härtel, Leipzig 1908

Reich, Willi, »Beethoven – seine geistige Persönlichkeit im eigenen Wort«, manesse, Zürich 1963

Aoki, Yayoi, »Beethoven – die Entschlüsselung des Rätsels um die Unsterbliche Geliebte«, Iudicium Verlag, München 2008

Wagner, Richard, »Beethoven«, Insel Verlag, Leipzig 1913

Stadtländer, Chris, »Beethoven zieht um«, Heimeran, München 1961

Corti, Egon Caesar Conte, »Beethoven«, Frundsberg Verlag, Berlin Wien 1943

Gutiérrez-Denhoff, Martella, »Die gute Kocherey« aus Beethovens Speiseplänen, Beethoven-Haus, Bonn 1988

Wetzstein, Margot, »Familie Beethoven im kurfürstlichen Bonn«, Verlag Beethoven-Haus, Bonn 2006

Schmidt-Görg, Joseph, »Beethoven – Die Geschichte seiner Familie«, Beethoven-Haus Bonn, Henle Verlag, München – Duisburg 1964

Braubach, Max, »Die Stammbücher Beethovens und der Babette Koch«, Beethoven-Haus-Verlag, Bonn 1995

Kämpken, Nicole und Ladenburger, Michael, »Alle Noten bringen mich nicht aus den Nöthen«, Beethoven-Haus-Verlag, Bonn 2005

Fiebig, Paul, »Über Beethoven«, Reclam, Leipzig 1993

Kämpken, Nicole und Ladenburger, Michael, »Beethoven und der Leipziger Musikverlag Breitkopf & Härtel«, Beethoven-Haus-Verlag, Bonn 2007

Bonner Beethoven-Studien, hrsg von Sieghard Brandenburg et al., Verlag Beethoven-Haus, Bonn ab 1999

Wetzstein, Margot, »Aus Beethovens letzten Jahren«, Verlag Beethoven-Haus, Bonn 2001

»Zimelien aus den Sammlungen des Beethoven-Hauses«, Beethoven-Haus-Verlag, Bonn 1991

Loos, Helmut, »Beethoven und die Nachwelt – Materialien zur Wirkungsgeschichte Beethovens«, Beethoven-Haus-Verlag, Bonn 1986

Herttrich, Ernst, »Beethoven – an die ferne Geliebte«, Beethoven-Haus-Verlag, Bonn 1999

»Drei Begräbnisse und ein Todesfall«, Beethoven-Haus-Verlag, Bonn 2002

Ladenburger, Michael, »Beethoven auf Reisen«, Beethoven-Haus-Verlag, Bonn 2016

Jahn, Otto, »W. A. Mozart«, Breitkopf & Härtel, Leipzig 1857

Dank

Mein besonderer Dank gilt dem Beethoven-Haus Bonn und seinen Mitarbeitern, insbesondere Herrn Dr. Michael Ladenburger, langjähriger Leiter des Beethovenhauses und Kustos der Sammlungen dort, für die jahrelange Unterstützung und Zusammenarbeit.

Personen - und Sachregister

Abbé Sterkel 70, 71
Abort 41,
Adendorf 60
Ahrweiler 60
Akademiker 186
Albrechtsberger 79, 96
Alkoholexzesse 160
Alleinerbe 196
Altenberg, Peter 172
Altmarrin 225
Andernach 73, 118
Anschütz, H. 209
Apuleius 150
Aristophanes 24, 150
Arminius 14
Artaria, Domenico 224
Arterhaltung 150
Aschaffenburg 71
Attentat 67
Autograph 212
Averdone, Mdlle. 60

Bach, Johann Sebastian 97
Baden bei Wien 11, 135–142, 171,
Baldachin 52
Balser, Ewald 15
Baron Dreckfahrer 175

Bauern, erboste 68
Beethoven, Anna Maria Franziska van 21
Beethoven, Franz Georg van 21
Beethoven, Hermine van 197
Beethoven, Johann van 16, 21, 22, 32, 33, 34, 38 f., 42 f., 50 f., 59, 68, 93, 160,
Beethoven, Karl van 19, 119, 124, 178, 181, 185–197
Beethoven, Ludwig Maria van 21
Beethoven, Ludwig van – Opa – 22, 27, 29, 30, 32, 38 f., 40, 50 f.,
Beethoven, Maria Josepha van, geb. Poll 16, 21, 28,
Beethoven, Maria Magdalena van verw. Leym, geb. Keverich 25, 39, 57
Beethoven, Maria Margarete Josepha van 25
Beethoven, Nikolaus Johann van 33
Beethovenfest 12, 36
Belderbusch, Minister 50, 68,
Bensberg 69

Berlioz, Hector 36
Bettnässer 57
Beuron, Kloster 225
Bleistift 46, 250
Boeuf à la mode 125
Bohlen, Dieter 74
Böll, Heinrich 28
Brand der Residenz 67,
Bratpfanne 74
Breidenstein, Professor 34 f.
Breitkopf & Härtel 63,
Brentano, Bettina 11, 143
Breuning, Eleonora von 64
Breuning, Stephan von 17, 64
Brotsuppe 123, 128
Brunsvik, Josephine 44, 169
Bukowski, Charles 13
Bundespräsident 20
Burenhäutl 118

Cannabich 201
Carpani 112
Charade 9
Christ, Pflichten als 192
Cleve, Fürst von Neuwied 86
Czerny, Carl 195

Dchlcht, Kfftle 94
Debussy, Claude 220
Descartes, René 18
Deutsches Eck 14
Disziplin, eiserne 159
Donau 18, 30, 89
Duell 16
eDemeu 49

Ehrenbreitstein 25, 38 f.
Eichhoff, Joh:Jos: 82
Eierdieb 54
Eierfuchs 54
Einstein, Albert 148
Elementarschule 61
Erdödy, Gräfin 108, 135 ff.,
  180, 185
Ernest, Theresia, Fischhändlerin 121
Escort-Service-Maderln 19
Extra-Ausgabe 18

Fayolle, Francois 25
Ferdinand, Erzherzog 98
Festspiele, dionysische 150
Festung 174 f., 177 f., 180
Finger, Ludwigs 66,
Fischer Gottfried 28, 33, 38 f.,
  44, 51, 54 f.
Fischer, Cäcilie 33, 55,
Flexibilität 97
Flöte 155
Frack, lila 129, 147
Frank, Joseph 165 f.
Freelancer 98
Friedrich von Österreich, Erzherzog 35
Friedrich Wilhelm II. 25,
Friedrich Wilhelm III. 117
Friedrich Wilhelm IV. 35
Fries, Graf 16

Gehaltserhöhung 50
GEMA 17
Gerber, Ernst Ludwig 164

Gielen, Michael 222
Gleichenstein, Ignaz von,
  Baron 105, 108
Glücksspirale 74
Goethe, Johann Wolfgang
  von 11, 61, 116
Grillparzer, Franz 132
Grüssau 225
Gütgemann, Prof. Dr. 13,

Haslinger, Tobias 132
Hatzfeld zu Trachenberg,
  Fürst 118
Hatzfeld, Gräfin 72
Haydn, Josef 5 f., 13, 77 ff., 84,
  90, 96 f., 148, 165,
Hecht 125
Heine, Heinrich 14
Hl. Vitus 57 f.
Honrath, Fräulein 80
Hopfenstange, schwarze 14
Höttchen 80
Humboldt, Alexander von 35,
  73
Hüttenbrenner, Anselm 130

Jahn, Otto 152
Jahrtausendhochwasser 67
Jedönsräte 10
Junker, Carl Ludwig von 199
Jupiter-Sinfonie 13, 77
Jussenhoven, Gerhard 150
Juvenal 150

Kaiserin von Österreich 11
Kälbernes, Kalbsbraten 125 f.

Kanne, Friedrich August 215
Keglevics, Graf 146
Kerpen 13
Kinsky, Ferdinand Fürst 106,
  109 ff., 119,
Koblenz 25, 38, 55, 63, 68, 86,
  88, 117,
Koch, Babette 80, 82 f.
Kokoschka 149
Kölsch 9, 13, 37, 89
Kreisler, Fritz 148
Kreuzkirche, Bonn 22
Krisenstab 74
Kügelgen 85
Künstler, österreichische 109
Kutz, Gertraud 55

Ladenburger, Michael 98, 26 f.
Lady Di 24
Latein 61 ff.
Laternenanzünder 10
Leps 28
Lichnowski, Fürst Karl Alois
  Johann Nepomuk Vinzenz
  Leonhard 157
Liszt, Cosima 36
Liszt, Franz 35
Lobkowitz, Franz Joseph,
  Fürst 100 f., 106, 109 f., 119,
Lungenbratel 122

Maccaroni mit Parmesan 128
Macke, August 13,
Malfatti, Teresa 169
Mannheim 76, 203
Marc, Franz 13

Margreta 55
Maria Katharina 55
Maria Theresia, Kaiserin 89, 98
Martens, Herr 173
Masur, Kurt 21 f.
Mäurer, Bernhard 62
Maximilian, Kurfürst 85 f.
Mechelen 27
Meckenheim 55
Mehlschöberl 128
Mergentheim 199 f., 207
Messer 66
Messi-Haushalt 146
Metternich, Fürst 113
Michotte, Edmond 112
Mitvormund 190
Mompour, Franz Josef 55
Montez, Lola 36
Moscheles, Ignaz 119
Mozart, Konstanze 152
Mozart, Wolfgang Amadé 5 f., 14, 24, 59 f., 76 f., 83, 97 ff., 104, 112, 151 f., 203
Muffendorf 87
Müll 45
Müller, Gertrud 22
Mummbaur 55 f.
Münster 13
Münster, in Bonn 67 f.
Müßiggang 196

Nach dem Takte tanzen 148
Namenstag 51, 165, 202
Napoleon, Jérôme, König von Westfalen 104

Neefe, Christian Gottlob 69, 84, 207
Niederwald-Denkmal 14
Nonnenwerth 35
Notenfuchs 54

Obermayer, Therese 170

Paisiello 200
Pesaro 112, 213
Petronius 150
Picasso, Pablo 13
Pirandello, Luigi 13
Pistole 196
Placebo 58
Plautus 61 f.
Plön 13
Pockennarben 162
Polizei 52, 170
Prieger, Erich 224
Prostagutt 58
Prüderie, Neue 72, 162

Rau, Sebastian 119
Rauhenstein, Burg 196
Reger, Max 125
Reichardt, Friedrich 6, 104, 106
Reinhardt, Django 67
Reliquien-Therapie 58
Remigiuskirche 22, 39
Republikaner 9 f.
Rey, Manfred van 34, 36
Rheinbach 55
Richter 81
Righini, Vinzenz 72

Rossini, Gioacchino 112, 114, 213, 260
Rudolph, Erzherzog 106, 109 f., 119

Salieri, Antonio 24
Salomon, Johann Peter 13, 77 f.,
Saturnalien 150
Schabau 27 ff.,
Schade, schade, zu spät 61
Schaden, Joseph Wilhelm von 53
Scharlachmantel 31
Scheidungsanwalt 185
Schikaneder, Emanuel 164
Schindler, Anton 14 f., 41, 120, 159 f., 215, 224
Schlafentzug 66
Schlesinger, Moritz 126
Schlösser, Jupp 150
Schmid, Professor 156 f.
Schmidt-Görg, Joseph 37
Schönauer 165
Schott 61
Schubert, Franz 12, 214, 222
Schuberth, Julius 218
Schumacher, Michael 13
Schumann, Robert 13
Schwindsucht 53, 187
Seyfried, Ignaz von 124, 127, 144
Siegburg 60
Smolle, Kurt 133
Sonnleitner, Leopold von 165
Spagnol 79 f., 162

Speerspitze 97
Sperrmüll 146
Spiegel, zum Diesenberg, Freiherr von 96
Spinxen 150 f.
Spohr, Louis 36, 218
Steibelt 17
Sternstrasse 69
Stockhausen 197
Stommb 70
Strohsack 143
Strümpfe, bloße 52
Struve, Heinrich 82
Stumpff 126
Stutterheim, Joseph von, Feldmarschalleutnant 197
Subskription 18
Südtirol 9, 28
Suizidgedanken 158, 196
Superman 15
Syphilis 24, 99
Szenen, erektive 149

Tagesablauf 159
Teilchenbeschleuniger 148
Teplitz 11
Testament, Heiligenstädter 12, 153, 159, 161,
Thayer, Alexander Wheelock 31, 71 f., 74, 130, 152, 163, 182
Trémont, Baron 143
Truchseß-Waldburg, Graf 104
Trüffelsau 24
Trulla lavacri 23
Turmbau 6

Umdrehungen, acht 129
Umlauf, Kapellmeister 116, 215, 216
Universalerbe 5, 188, 197
Unkel 60
Unzustellbar 44

Vaterfreuden 185
Veitshöchheim 57
Venedig 158
Verdi, Giuseppe 16
Verlobt 163
Victoria, Königin 35
Vino Ferrari 130
Vormund 188, 190 f.

Wagner, Richard 36, 112, 220, 226
Waldstein, Ferdinand Graf 83
Walhalla 14
Wasserlachen 143
Weber, Carl Maria von 13
Wegeler, Franz Gerhard 25, 27, 63, 68, 71, 93, 105, 130,
Westerholt, Fräulein von 80
Wetzstein, Margot 37, 55, 67
Wild, Franz 115
Willmann, Magdalena 163 f.
Wurzer, Präsident des Landgerichts Koblenz 63

Zambona 62
Zingarelli 165
Zmeskall von Domanovecz, Nikolaus Baron 174 f., 177 f.,
Zwickau 13
Zylinder, gelb 147

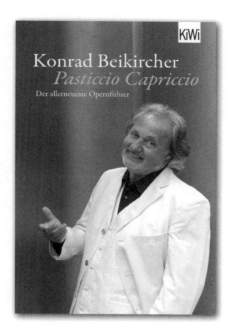

Ganz große Oper – Skurriles und Wissenswertes fürs Pausengespräch

Nach »Palazzo Bajazzo« und »Bohème Suprême« legt der Musiker und Kabarettist Konrad Beikircher mit »Pasticcio Capriccio« nun einen neuen Opernführer vor, der das verstaubte Genre auf charmante Weise aufmischt und Lust auf Oper macht.

Leseproben und mehr unter www.kiwi-verlag.de

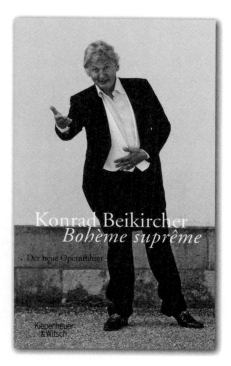

Opernführer gibt es viele – aber keinen wie diesen. Denn Konrad Beikircher verbindet auf unnachahmliche Weise höchste Fachkompetenz mit einem kabarettistischen Blick auf die großen Opern von Rossini bis Wagner, Bizet und Richard Strauss.

Kiepenheuer & Witsch

Leseproben und mehr unter www.kiwi-verlag.de

In seinen Konzertführern nimmt Konrad Beikircher die wichtigsten Werke der klassischen Konzertwelt unter die kabarettistische Lupe und gibt zugleich eine kompetente und informative Anleitung zum Hören. Ein großer Spaß für alle Liebhaber der klassischen Musik und die, die es werden wollen.

»Ernste Musik als großer Spaß« *WAZ*

Leseproben und mehr unter www.kiwi-verlag.de

Für alle Liebhaber der klassischen Musik – und solche, die es werden wollen.

Beikirchers amüsanter und kenntnisreicher Konzertführer geht in eine neue Runde. Klassische Musik, heiter betrachtet. Wie schon in »Andante Spumante« verbinden sich auch in diesem Band die Talente des Kabarettisten, Psychologen und Musikers Konrad Beikircher zu einer einzigartigen Mischung und schaffen ein höchst unterhaltsames Nachschlagewerk über klassische Musik.

Leseproben und mehr unter www.kiwi-verlag.de

Weitere Titel von Konrad Beikircher bei Kiepenheuer & Witsch

Leseproben und mehr unter www.kiwi-verlag.de